비트겐슈타인의 딱정벌레

- 철학과 과학의 26가지 사고실험 -

비트겐슈타인의 딱정벌레

– 철학과 과학의 26가지 사고실험 –

마르틴 코헨 지음

김성호 옮김

서광사

이 책은 Martin Cohen의 *Wittgenstein's Beetle and Other Classic Thought Experiments* (1st edition)(Blackwell Publishing Ltd., 2005) 를 완역한 것이다.

비트겐슈타인의 딱정벌레
철학과 과학의 26가지 사고실험

마르틴 코헨 지음 / 김성호 옮김

펴낸이 — 김신혁, 이숙
펴낸곳 — 서광사
출판등록일 — 1977. 6. 30.
출판등록번호 — 제 406-2006-000010 호

(413-832) 경기도 파주시 교하읍 문발리 534-1
Tel: (031)955-4331 / Fax: (031)955-4336
E-mail: phil6161@chol.com / http://www.seokwangsa.co.kr

제1판 제1쇄 펴낸날 · 2007년 5월 20일
제1판 제2쇄 펴낸날 · 2007년 8월 20일

ISBN 978-89-306-0218-1   93100

옮긴이의 말

이 책은 코헨의 *Wittgenstein's Beetle and Other Classic Thought Experiments*(Blackwell, 2005)를 우리말로 번역한 것이다. 저자의 표현대로 이 책에는 "가장 유용하지 않을지는 몰라도 가장 흥미로운 26가지의 사고실험이" 실려 있다. 이 중 어떤 것은 이미 우리에게 잘 알려져 있으며, 다른 어떤 것은 다소 전문적이고 생소하기도 하다. 하지만 철학과 과학의 역사에서 등장한 중요한 사고실험들을 한데 모아 알기 쉽게 설명한 후, 그들의 의미와 그들을 둘러싼 현대의 쟁점을 정확하고 분명하게 밝혔다는 점에 이끌려 이 책을 번역하게 되었다.

이 책에 26가지 사고실험이 등장한다는 점에 비추어 눈치 빠른 독자들은 충분히 짐작할 수 있는 일이지만 저자 코헨은 각각의 사고실험을 시대 순이나 주제별로 배열하지 않고 영어 자모 A에서 Z에 대응시켜 소개하는 재치를 선보인다. 예를 들면 첫 번째 사고실험의 원제목은 "A is for Alice and Astronomers Arguing about Acceleration"이며, 두 번째 사고실험은 "B is for Bernard's Body-Exchange Machine"이다. 하지만 우리말 번역에서는 이런 재치를 살리기가 어려워 번역문에서는 "사고실험 A"나 "사고실험 B" 대신에 "…번째 사고실험"으로 표현하였으며, 각 사고실험이 시작되는 면에 영어 자모를 넣어 이를 암시할 수밖에 없었다는 점을 밝혀둔다.

여기서 소개된 사고실험들이 철학과 과학의 역사에 중요한 계기를 제공하였다는 점은 의심의 여지가 없다. 간략한, 어떻게 보면 지나칠 정도로 단순한 생각이 기존의 이론을 반박하여 새 이론이 등장하도록 만들며, 더 나아가 새로운 세계관, 우주관으로 이어짐을 이 책을 통해서 발견하게 된다. 하지만 어떤 독자들은 이 책에서 수많은 문제들만 제시될 뿐 그에 대한 충분한 대답이나 설명이 부족하다고 느낄지도 모른다. 각각의 사고실험을 소개한 후 이를 해설하는 "논의할 내용"은 무척 간략하며, 이 해설이 새로운 문제의 제기로 이어지는 경우도 허다하다. 사실 여기에 등장하는 사고실험들 모두는 철학과 과학의 역사에 한 획을 그은 것이기 때문에 이들에 관한 참고문헌을 찾아본다면 어느 하나의 사고실험에 대해서도 수십, 아니 수백 편의 저서와 논문을 발견할 수 있다. 물론 옮긴이 또한 저자가 이런 참고문헌들 모두를 섭렵하여 각각의 사고실험에 대한 명확한 대답을 제시하였다고는 생각하지 않는다. 만일 어떤 사고실험이 관심을 끈다면 그에 대한 자료를 더 찾아보고 탐구하여 더욱 폭넓은 이해에 도달하는 일은 독자들의 몫이라고 생각된다. 스스로 더 상세한 자료를 찾아 읽고 스스로 더욱 깊이 사색에 잠기는 것, 그것이 바로 철학함의 과정이며 동시에 본질이 아닌가하는 생각을 해본다. 그런 계기를 제공하는 것만으로도 이 책은 충분한 미덕을 발휘한 것이 아닐지?

이 책을 번역하여 출판함으로써 서광사에서 여섯 번째의 번역서를 내는 셈이 되며, 다른 곳에서 낸 것까지 더하면 열 권 정도의 책을 번역하였다고 생각된다. 우리나라의 유명한 번역가 한 분은 정성을 들이고 최선을 다하면 번역 실력은 죽을 때가지 계속 늘기 마련이고 따라서 항상 더 나은 번역을 할 수 있다고 말씀하셨다. 번역하는 사람들에게 큰 격려가 되는 말씀이지만 이 책이 옮긴이가 이전에 낸 책들보다 더 나은 번역이라고 자신 있게 단언하기는 쉽지 않다. 이 책을 번역하면서는 특히 자연과학과 관련되는 부분에서 많은 어려움을 겪었다. 여기저기서 자료를 찾아 참고하였지만 옮긴이의 부족한 지식과 능력 때문에 혹시 잘못 번역하지는 않았나하는 걱정이 앞선다. 독자들께 양해를 구하며 기회가 되는 대로 보완해나가겠다는 말씀을 전한다. 그리고 다음번에는 더욱 노력하여 더 나은 번역을 선보이겠다는 약속의 말씀도 드린다. 이 책을 처음 추천해준 서광사의 김찬우 부장님과 그리 미덥지 않은 원고를 다듬어 이렇게 훌륭한 책으로 만들어주신 편집부의 모든 분들께 깊이 감사드린다. 또한 이 책을 번역하는 과정에서 많은 조언과 충고를 통하여 큰 도움을 준 여러 선후배, 동료들께도 이 자리를 통하여 감사의 뜻을 전한다. 끝으로 이 책이 독자들 여러분의 "마음 안의 실험실"에서 활발하게 진행될 철학적, 과학적 사색에 조금이라도 도움이 되기를 진심으로 바랄 뿐이다.

2007년 4월
옮긴이 김성호

나는 커다란 기계나 정교한 기법의 사용이 항상 정당하다는 인상을 심어주려 하지 않는다.
때로 이는 그저 탐구자의 자만심만 키우기도 한다.
'우리는 돈이 없었으므로 생각할 수밖에 없었다!' 는 러더퍼드(Rutherford)의 말은
항상 유익한 충고이다.

존스(R. V. Jones), ≪물리학회 회보≫(Bulletin of the Institute of Physics, 1962)
러더퍼드(Ernest Rutherford)의 명언을 다시 떠올리며

머리말

　이 책에는 26가지의 가장 흥미로운, 가장 유용하지 않을지는 몰라도, 사고실험이 등장한다(사실 이들 중 몇몇은 매우 유용하기도 하다). 현대과학 전반이 이 책에 포함된 놀랄 만큼 단순한 몇 가지 사고실험들에 기초하여 세워졌다고 말한다 해도 이는 전혀 과장이 아니다. 이런 사고실험들은 예를 들면 아인슈타인(Einstein)의 상대성이론만큼이나 기본적이기도 하고 동시에 셜록 홈즈(Sherlock Holmes)가 투명하게 밝혀야 하는 사건만큼이나 복잡하기도 하다. 이 책에 모아놓은 사고실험들은 특히 다른 분야의 철학보다 과학이나 자연철학과 관련된 것이 눈에 띄게 많다. 나는 이에 대하여 어떤 변명을 하지는 않겠다(변명을 한다 해도 자질구레한 일이 되고 만다). 하지만 자주 너무 많은 사람들이 과학과 수학으로부터 눈을 돌리고 다른 분야의 관심을 추구함으로써, 말하자면 자신의 탐구에 필요한, 적절한 준비물을 갖추는 데 실패한다. 마찬가지로 수많은 과학자들도―천문학자, 생물학자, 이론물리학자들도―철학이 제공하는 부드러운 도구, 즉 반성과 상상력이 없이 자신들의 딱딱한 자료에 의미를 부여하려고 한다. 저술가이며 과학자인 스노우(C. P. Snow)의 말을 빌리면 철학자와 과학자라는 두 부류의 사람들은 반드시 동일한 공간을 공유할 필요가 있다. 만일 그렇게 하지 않는다면 어느 한 쪽은 게을러지고 비만해지며, 다른 한 쪽은 추위에 얼어 죽고 만다(스노우는 어떤 쪽이 어떤 운명을 겪게 될지에 대해서는 언급하지 않는다. 하지만 나는 게을러지고 비만에 빠지는 쪽이 철학자라고 생각한다). 맹목적인 과학은 단지 우연적인 기술에 지나지 않으며, 근거 없는 철학은 오직 개인적인 믿음만을 떠드는 또 다른 종교가 되리라는 점은 분명하다.

　이 책은 수천 년 동안 위대한 사상가들, 철학자와 과학자들이 사용해 온 매우 강력하지만 여전히 신비롭기도 한 기술의 역사이다. 이는 또한 우리를 둘러싸고 있는 세계에 관한 이론의 역사이기도 하다. 사고실험은 최초의 어떤 출발점과 조건이 주어질 경우 이로부터 특수한 결과를 예측하는 특별한 종류의 이론이다. 즉 과학 실험실에서 이루어지는 실험과 마찬가지로 사고실험 또한 세계가 어떻게 작용하는지에 관한 직관들을 탐구하거나—또는 파괴하기 위하여—고안된 검토 장치라고 할 수 있다. 사실 많은 실제 실험들은 사고실험보다 더욱 개방적이어서 제대로 통제가 이루어지지 않은 화학 수업에서 다양한 방식으로 '두 화학약품을 아무렇게나 혼합함으로써' 매우 중요하지만 전혀 의도하지 않았던 어떤 결과를, 즉 예상하지 못했던 부산물을 만들어 내기도 한다. 그러나 사고실험은 이와 유사한, 다양한 기회를 제공할 수 없다는 말은 전혀 사실이 아니다. 실제의 실험과 사고실험 모두에서 가장 특징적인 요소는 우리가 오직 하나의 변수 또는 알려지지 않은 사실을 밝히기 위하여 실험의 환경과 조건을 조절하고 제한할 수 있다는 점이다. 반면에 가장 중요한 차이점은 사고실험에서는 모든 것이 실제가 아니라 단지 상상으로만 제공된다는 점이다. 실험환경은 실제로 만들어지지 않고 단지 묘사될 뿐이며, 실험행위는 실제로 행해지지 않고 단지 상상될 뿐이다. 하지만 다소 낯선 어떤 방식으로 사고실험자 또한 (매우 잘 구성된 사고실험의 경우에는) 실험실의 과학자와 똑같은 수준의 증인이 되기도 한다. 위대한 사고실험자 중의 한 사람은(플라톤은) 이를 다음과 같이 표현하였다. —사람들은 분명히 항상 존재하였음에도 불구하고 인식되지 않았거나 잊어버린 것들을, 정신의 가장 신비로운 곳에 가장 깊이 묻혀있는 사고를 통하여 다시 발견하여야 하는 특별한 위치에 놓여있다.

가장 부지런하고 주의 깊은 독자라 할지라도 이 책을 끝까지 다 읽은 후에 무엇을 발견할 수 있는가? 우주가 어떻게 운행되는지, 심지어 두 사람 사이에 어떻게 정신적 교감이 이루어지는지조차도 전혀 알 수 없다. 만일 이런 문제들 때문에 고가열차가 지하로 달리는 듯한—더욱이 히틀러(Hitler) 같은 사람이 모는 상태로—혼란에 빠진다면 이 열차가 한 사람의 유명한 사상가를 치던지 아니면 스무 명의 '인도 명상가들'을 치던지 내버려 둘 수밖에 없다 … 하지만 독자들은 최소한 이런 문제들이 어떻게 형성되기 시작하였는지 그리고 이에 대한 서로 다른 대답들과 새로이 등장할 것이 분명한 수많은 질문들에 접근하기 위하여 서로 다른 방법을 어떻게 사용하여야 하는지를 인식하게 된다. 마지막에 이르러 아마도 독자들은 자신이 동굴의 사슬에서 (여섯 번째 사고실험 참조) 벗어나 인간 정신의 탁월한 능력을 회복하였음을 느낄 것이다. 어쩌면 현대의 프랑스 철학자 로제-폴 드로아(Roger-Pol Droit)가 이 책의 열일곱 번째 사고실험에서 주장하듯이 세계가 결코 이전과 같지 않음을 느낄지도 모른다.

이제 이런 일반적인 언급을 마치고 본격적으로 사고실험을 시작할 때이다. 독자들은 여기에서 바로 사고실험들에로 넘어가 (자주 표현되듯이) 정신의 실험실에서 이루어지는 흥미진진한 실험에 참여하고 그들의 의미를 고찰하는 편이 적절하리라고 생각된다. 서론에 해당하는 '깊이 있는 사고'는—이는 주로 사고기법들의 간략한 역사를 소개한 것인데—후에 읽어도 좋다. 정신의 구조에 대하여 직선적으로 파악하고 싶고, 다른 모든 실험과 마찬가지로 사고실험에 대해서도 명확하게 알고 싶은 사람은 (드 보노[Edward de Bono]가[1] 무엇을 추천하든 간에) 서론을 먼저 읽어볼 필요가 있다. 서론은 사고실험이 지닌 배경과 생각들에 대한 부가적인 설명을 제공한다.

하지만 그리 직선적으로 파악할 마음이 없거나 생각이 잘 정리되지 않은 사람들에게 공통적으로 추천하고 싶은 방법은 이 책을 집어 들고 아무 곳이나 펼쳐서 거기에 나오는 실험을 읽으라는 것이다. 실험에 대한 설명과 논의할 내용 사이에서 잠시 쉬는 것도 좋다. 왜냐하면 사고실험들은 상상력과 관련되며, 이해를 위해서는 상상력이 지닌 무질서한 능력을 충분히 이용하여야 하기 때문이다.

---

1 역자주 드 보노는 창의적 사고와 사고기법 교육 분야의 세계적인 전문가로서 이른바 '수평적 사고'(lateral thinking)의 창시자로 유명하다. 지난 25년간 여러 기업과 정부기관을 대상으로 사고기법을 가르치는 일에 매진해왔다.

차례

그림 목록

서론

깊이 있는 사고 : 사고실험의 간략한 역사

언뜻 보기에 사고실험들은 '현실적 경험이 아니라 오직 철학적 사고'를 통해서 세계에 관한 새로운 지식을 얻는 데 유용한 방법인 듯하다. 그리고 이들은, 사고실험이라 불리든 그렇지 않든 간에, 오랜 세월 동안 이론적 철학에서뿐만 아니라 실천적인 과학적 탐구활동에서도 중요한 역할을 차지해 왔던 접근법이기도 하다.

특히 고대 그리스인들은 이런 사고기법을 즐겨 사용하였으며 더욱이 전통적인 실험의 개념도 지니고 있었다. 엠페도클레스(Empedocles, 기원전 495~435)는 현명하게도 세계를 '사랑'과 '미움'이라는 두 힘 사이에 존재하는 것으로 나누었으며, 또한 최초의 의학 학파를 세우기도 하였는데 그가 남겼다고 전해지는 단편들을 보면 혈액순환 체계에 대하여 상당히 실천적인 탐구를 하였음을 알 수 있다. 반면에 헤라클레이토스(Heraclitus, 기원전 500경)는 결코 같은 강물에 발을 두 번 담글 수 없다는 널리 알려진 문구에서 잘 드러나듯이 수수께끼 같은 문구로 글쓰기를 즐겼는데 '모든 것은 흐름'이라고 규정하였다. 그는 궁극적으로 '존재하지 않는 바'에 대해 생각할 수 있는 까닭은 감각이 아니라 정신의 능력 때문이라고 보면서, 감각은 오직 존재하는 바만을 검토하도록 영원히 제한되어 있다고 주장하였다. 그렇지만 우리에게 진정으로 중요한 내용들은 감각을 통해 발견된다고 보았다.

프톨레마이오스(Ptolemy, 기원후 87~150)는 그 후에 등장한 지리학자와 천문학자뿐만이 아니라 수학자와 기하학자에게도 큰 영감을 불러일으켰는데 우주에 대한 자신의 소박한 견해를 《알마게스트》(*Almagest*)의 제 1권에서 언급하면서 '사고실험'과 실제 실험 사이의 어딘가에 놓일 듯한 다양한 논증들을 제시한다. 프톨레마이오스는 특히 모든 물체가 우주의 중심을 향해서 낙하하므로 지구는 우주의 중심에 고정되어 있어야만 한다고 주장하였다. 만일 그렇지 않다면 낙하하는 대상들이 지구의 중심을 향하여 떨어지는 현상을 볼 수 없으리라고 생각하였다. 그를 추종하는 사람들은 이 점과 관련해서 '실제로' 실험을 해볼 수도 있었는데 그 결과는 프톨레마이오스에 동의하여 실험의 배후에 놓여있는, 실재에 대한 가정들을 받아들이기에 충분하였을 듯하다. 하지만 모든 물체가 우주의 중심을 향하여 낙하한다는 첫 번째의 가정이 프톨레마이오스의 추종자들과 참된 지식 사이를 가로막는 더욱 포괄적인 (동시에 더욱 의심스러운) 가정이라는 사실은 분명히 사고실험의 기법이 지닌 위험성을 암시한다. 하지만 동시에 이는 '깊이 없는' 사고실험의 기법이 지닌 위험성을 암시하기도 하다. 프톨레마이오스의 이론이 지닌 문제는 실험의 부족이 아니었다. 오히려 실험의 배후에 놓여있는 가정이 문제였다.

프톨레마이오스의 또 다른 실험은 지구가 우주의 중심에 위치할 뿐만 아니라 전혀 움직이지 않는다는—마치 큰 바위처럼 확고하게 고정되어 있다는—사실을 보이기 위하여 고안되었다. 이를 위하여 프톨레마이오스는, 그보다 이전에 등장한 몇몇 철학자들이 주장하였듯이, 만일 지구가 움직인다면 어떤 일이 일어날지를 생각해보라고 요구한다. 만일 그렇다면 매우 혼란스러운 결과가 뒤따를 것임에 틀림없다. 특히 만일 지구가 24시간마다 한 번씩 자전한다면 수직으로 위를 향하여 던져진 대상이 같은 자리에 다시 떨어지지 않고 처음과는 약간 다른 자리에 떨어져야 한다는 사실이 직관적으로 명확하지 않은가?

프톨레마이오스의 기록은 그리 고무적이지 않으며 그의 실험은 사실상 진정한 사고실험이 아니라고 할 수 있다. 헤라클레이토스와 마찬가지로 플라톤(Plato)도 자연세계의 현상들을 이해하려고 하였지만 그는 사건에 대한 경험은 미덥지 못한 인도자에 불과하다는 사실을 인식하여야만 했다. 플라톤의 대화편 여기저기에서 (그리 친절한 용어로 표현되어 있지는 않지만) 수많은 사고실험이 등장한다. 도덕성의 본질을 묻는 기게스(Gyges)의 마법 반지 이야기로부터 자신이 맡긴 칼을 되돌려 줄 것을 요구하는 '제 정신이 아닌 친구' 이야기에 이르기까지 모두가 대표적인 사고실험이다. 또 다른 곳에서는 플라톤 자신이 (그리 잘 알려져 있지는 않지만) 일종의 '양육 실험'을 행하기도 하는데 이는 사회 전체의 선(善)을 위하여 우생학적인 인종 개량을 시도하는 내용으로 전개된다.[2] 이들보다 훨씬 자주 인용되지만 그

---

2 역자주 '기게스의 마법 반지 이야기'는 《국가》의 2권, 359d~360d에 등장하는데 반지를 손 안쪽으로 돌리면 몸이 보이지 않게 되는 마법 반지를 얻은 기게스라는 목동이 이 반지를 이용하여 왕을 죽이고 자신이 왕이 되어 평생 부와 명예를 누리며 살았다는 내용이다. 이를 통하여 플라톤은 악행을 저지르고도 붙잡히거나 처벌받지 않고 오히려 부와 명예를 누릴 수 있다면 우리가 선하게 행위해야 할 이유는 무엇인가를 물음으로써 도덕성의 본질을 탐구한다.

'제 정신이 아닌 친구 이야기'는 《국가》의 1권, 331c에 등장하는데 '정의'(正義)가 다른 사람이 맡긴, 다른 사람에게 빚진 바를 그대로 돌려주고, 갚는 것이라는 주장에 대한 반박으로 어떤 친구가 제 정신일 때 칼을 맡겼다가 후에 제 정신이 아닌 상태에서 무고한 사람을 해치기 위하여 칼을 돌려달라고 요구할 때 그에게 칼을 돌려주는 행위가 과연 정의로운가를 묻는다.

이른바 '양육 실험'은 《국가》의 5권, 449a 이하에서 상당히 길게 언급되는데 국가의 통치자(수호자) 계층을 우월한 사람들로 구성하기 위하여 이 계층의 구성원들은 일반적인 가정을 유지해서는 안 되며 특별히 선발된, 우월한 사람들과 집단적인 성행위를 통하여 자녀를 생산하며 부인과 자녀를 공유하여야 한다는 내용을 담고 있다.

이들은 모두 대표적인 사고실험의 예이지만 이 책에서 직접 다루어지지는 않는다. 아래에서 언급되듯이 이 책에서는 여섯 번째의 사고실험으로 유명한 '동굴의 비유'가 제시된다. '동굴의 비유'는 《국가》의 7권, 514a~517b에 등장한다.

것이 은유적으로 무엇을 표현하는지에 대해서는 거의 의견의 일치가 이루어지지 않는 실험이 바로 동굴 안에 있는 죄수들의 예인데 이는 인식의 본질에 관한 무언가를 말하려는 듯이 보인다. 자주 제대로 평가받지 못하지만 여전히 큰 영향을 미치는 실험으로 대화편《국가》(*Republic*)에 묘사된 사회 발전의 전체 과정을 들 수 있다. 이것은 사람들이 사실상 자연의 산물에 결코 만족하려 들지 않는다는—더 나은 음식을 먹기 원하며 땅과 자원을 차지하기 위하여 전쟁을 벌이고 싶어 한다는—가정에 기초한, 주의 깊고 정교하게 구성된 사고실험이다.

하지만 노예 소년 메논(Meno)이 피타고라스(Pythagoras)의 원리를 더욱 발전시키도록 이끌려는 소크라테스(Socrates)를 묘사한 플라톤의 설명을 보면 새로운 인식은 내적인 성찰의 기술을 가장 잘 사용함으로써 생겨나는 듯하다. 수많은 고대 철학자들은 이러한 '순수한' 지식을 높이 평가하였는데 이는 본질상 수학적인 것으로서 구체적인 사물들을 접하거나 관찰함으로써 얻게 되는 어떤 지식보다도 더욱 상위의 지식으로 여겨졌다. 내적인 관조를 통해서 발견되기를 기다리는 '진리'의 개념은 때로 '플라톤적'이라고 불렸는데 이는 적절한 표현이라 할 수 있다. 사고실험은 플라톤이 평생 함께했던 동료와도 같은 것이었다.

항상 관찰의 중요성을 강조함으로써 과학자와 유사한 태도를 보였던 아리스토텔레스(Aristotle)조차도 한두 가지의 사고실험을 시도하였다. 예를 들면《형이상학》(*Metaphysics*, 7권, iii)에서 그는 다음과 같은 실험을 제시한다. 두 명의 개인, 소크라테스와 플라톤으로부터 그들의 '비본질적인' 속성들을 모두 제거하여 오직 그들의 '본질'만이 남았다고 생각해보자. 그렇다면 몇 개의 본질이 존재하는가? 하나인가 아니면 둘인가?

하지만 사고기법의 역사에서 아리스토텔레스가 지니는 중요성은 그가 이런 사고실험을 행했다는 사실보다는 물리적 세계에 관한 잘못된 판단과 그 릇된 믿음들을 수없이 제공하였다는 사실에 있다. 러셀(Bertrand Russell)이 지적하였듯이 아리스토텔레스의 주장은, 그의 명성에도 불구하고, 불합리함 으로 가득 차 있다. 예를 들면 그는 여성의 혈액이 남성의 혈액보다 더욱 검 다고, 돼지가 홍역에 걸릴 수 있는 유일한 동물이라고, 불면증에 걸린 코끼 리는 어깨 부분을 소금과 올리브유, 따뜻한 물로 닦아주어야 한다고, 여성은 남성보다 치아의 수가 적다고 주장하였다. 이외에도 중력이나 시간 및 공간 에 관한 더욱 비중 있는 견해들도 있는데 이후에 등장한 철학자와 과학자들 은 그의 견해에서 오류를 지적하기 위하여 막대한 노력을 하여야만 했다. 그 런데 그에 대한 강력한 반박들은 자주 경험을 통해서가 아니라 사고실험 기 법을 이용하여 개념적으로 제기되었다(하지만 모든 반박이 이런 종류는 아 니었다. 예를 들어 치아의 수와 같은 문제에서는 여전히 관찰이 중요한 위치 를 차지한다).

중세의 철학자들은 창과 같은 물체를 던지면 오직 대기 중을 날아갈 뿐이 라는 아리스토텔레스의 이론을 반박하기 위하여 손잡이 쪽도 날카롭게 다듬 어진(즉 양쪽 모두 날카롭게 다듬어진) 창의 예를 사용하였다. 이들은 이런 창이 자신이 받은 충격을 실현하여, 창의 뒤에서 창을 미는 대기의 '압력' 때문에 대기 중을 날아가다가 충격이 더 이상 영향을 미치지 못하면 바로 땅 으로 떨어진다는 주장은 올바른 설명이 아니라고 생각한다(이들은 만일 창 의 손잡이도 날카롭게 다듬는다면 창에 압력을 가하는 대기의 힘이 더 이상 창에 영향을 미치지 못하리라고 생각하였다). 중세인들은 특히 '논박'이라 는 논쟁 기법을 통한 사고실험에 큰 가치를 부여하였는데 논박에는 논쟁을 해결하기 위한 모든 종류의 '상식적인' 실험들이 사용되었다. 이른바 '의무 적 논박'(obligationes)으로 알려진 정형화된 논쟁 과정에서 논쟁에 참여하는 사람들은 어느 한 쪽에서 '모순'이 발견되고 증명될 때까지 여러 주장들에 대한 동의와 이의 제기, 회의 등을 '의무적으로 계속 하여야만 했다.' 이 과정에서 양끝이 모두 날카로운 창을 들고 나서는 일은 그리 어렵지 않았겠지만 반드시 그럴 필요까지는 없었다.

그러나 사고실험의 가장 풍부한 수확을 거둔 시기는 르네상스 시대였으며 대표적인 사고실험을 제시한 인물로는 갈릴레오(Galileo), 데카르트(Descartes), 뉴턴(Newton), 라이프니츠(Leibniz) 등을 들 수 있다. 이들 모두는 이른바 '자연철학'에 큰 관심을 보였던 사상가들로 최선의 실험은 자연법칙이 진정으로 무엇인지를 우리의 의식 내부에 명확하게 드러내는 역할을 한다고 생각하였다. 특히 데카르트는 가장 활발하게 사고실험의 기법들을 사용하였다. 그는 《성찰》(*Meditations*, 1641)에서 '통 안에 있는 뇌'(brain in a vat)[3] 이야기의 원형을 제공할 뿐만 아니라 자동기계가 사는 '가능 세계', '전능하지만 심술궂은 악마'(우리가 현재 완전히 꿈을 꾸고 있지는 않은가라는 더욱 일반적인 철학적 문제와 더불어), 그리고 마지막으로 널리 알려진 '제 2 성찰'에 등장하는 자신의 존재에 대한 혼자만의 내적 통찰에 이르는 다양한 사고실험을 행하였다. 그가 사고하지 않고서는 사고를 상상조차 할 수 없다는 사실을 발견하고 따라서 오직 사고 자체만이 유일하게 확실하다는 결론에 이르는 과정도 바로 '제 2 성찰'에 등장한다.

데카르트는 어떤 의미에서 상상할 수 있는 모든 것은 동시에 가능하기도

---

3 **역자주** '통 안에 있는 뇌' 이야기는 다음과 같은 사고실험을 지칭한다. 즉 나는 지금 내가 책상에 앉아서 책을 읽는 중이라고 생각하지만 사실은 어떤 실험실에서 나의 뇌가 분리되어 통 안에 들어있다. 이런 상황에서 과학자들이 나의 뇌에 계속 전기충격을 가함으로써 나로 하여금 책을 읽는 중이라고 생각하도록 만들 수도 있다. 이는 데카르트의 방법적 회의를 현대적으로 표현한 사고실험으로 외부 대상과 육체의 존재에 대한 회의, 현재 내가 꿈꾸고 있는 것은 아닌가라는 가정 등과 폭넓게 관련된다.

하다는 사실을 당연시하였다. 이런 생각은 상상력에 특별한 힘을 부여할 수 있을 듯이 보이지만 그는 동시에 우리 인간들은 영원히 논리적 법칙들의 지배를 받으므로, 예를 들면, 2 더하기 2가 4가 아닌 세계는 상상조차 할 수 없다고 주장하였다(하지만 데카르트는 신은 이런 법칙들 위에 존재한다고 경건하게 덧붙여 말한다). 감히 비논리적인 영역의 존재를 가정하고 사고실험을 행하는 사람은 위험한 물로 뛰어드는 경우와 같아서 설령 물 안에서 살아남는다 할지라도 그 안에서 발견한 모든 것은 결국 무의미해질 뿐이라고 데카르트는 생각한다. 하지만 '비논리적인' 것은 도대체 무엇인가? 또 다른 사고실험에서 데카르트는 만일 우리가 방 안의 모든 물체를 제거한다면 벽이 서로 맞붙어 버릴 것이기 때문에 진공은 불가능하다고 말한다. 이에 비추어보면 '불가능한 일을 상상하는 것'이 항상 그렇게 어리석은 일만은 아닌 듯하다.

데카르트와 마찬가지로 흄(Hume)도 '상상할 수 있음'이 가능성과 동일한 의미이며, 상상조차 할 수 없는 것은 분명히 불가능하다고 생각하였다.

> 우리의 정신이 명확하게 상상할 수 있는 모든 것은 가능한 현존의 관념을 포함하고 있다는 점, 바꾸어 말하면 우리가 상상할 수 없는 것은 절대적으로 불가능하다는 점은 이미 형이상학에서 확립된 준칙이다. 우리는 황금의 산이라는 관념을 형성할 수 있으므로 이로부터 그런 산이 실제로 존재할 수도 있다는 결론을 내린다. 반면에 우리는 계곡이 없는 산이라는 관념을 형성할 수 없으며 따라서 그런 산은 불가능하다고 여긴다.

자주 (하지만 앞에서 이미 살펴보았듯이 이는 완전히 틀린 것일 수도 있는데) 사고실험에 대한 철학적 설명을 처음 제시한 인물로 덴마크의 과학자인 외르스테드(Hans Christian Oersted, 1777~1851)를 들기도 한다. 그는 사고실험이 예측이나 측정을 대신하기보다는 자연을 더욱 잘 이해하기 위한 도구로 고안되었다고 생각하였다. 그가 보기에 사고실험의 기법들이 지닌 가치는 무엇보다도 어떤 종류의 '자연법칙'을 가정하고 실험자에게 이 법칙을 어떤 새로운—혼란스럽고 복잡한—상황에 적용해보라고 요구하는 데 있다. 외르스테드가 이런 주장을 한 시기는 (의식에 대한 선험적 설명을 발견하는 일을 스스로 자신의 임무로 선택하였던) 피히테(Johann Fichte)나 (오늘날 '형이상학을 넘어선 사고'의 선구자로 각광을 받기도 하는) 셸링(Friedrich Schelling)과 같은 독일 철학자들이 '사변철학'에 몰두하였던 때였다. 이러한 외르스테드는 (아마도 칸트와 더불어) 맹목적인 실험실의 과학과 공허한 형이상학적 사변 사이에서 '중간의 길'을 추구하였던 인물로 평가된다.

과학사에서 사고실험은 충분히 확고한 위치를 차지하는 과학적 방법으로 인정되어야 한다. 갈릴레오는 실제로 피사의 사탑 위에서 쇠로 만든 공을 아래로 떨어뜨리지 않았다—그것은 사고실험이었다(오늘날 몇몇 학자들이 무엇이라고 말하든 간에 이에 대해서는 일곱 번째 실험에서 상세히 설명할 예정이다). 이와 유사하게 데카르트가 제시한 충돌의 법칙을 반박하기 위한 라이프니츠의 절차 또한 다양한 크기의 당구공을 실제로 굴려보는 일을 필요로 하지 않았다. 사고실험만으로도 문제를 올바르게 해결할 수 있다고 여겨졌다.

데카르트의 충돌 이론에 대한 라이프니츠의 반박은 어쩌면 매우 흥미 있는 실험은 아닐지 몰라도 사고실험의 훌륭한 예이다. 데카르트는 만일 작은 대상이 큰 대상에 충돌한다면 작은 대상은 동일한 속도로 튕겨져 나갈 것이며, 큰 대상이 작은 대상에 충돌한다면 둘 모두가 함께 운동할 것이라고 (전체 운동량을 보존하는 방식으로) 생각하였다. 반면에 라이프니츠는 일종의 연속적인 충돌을, 즉 처음에는 다른 공들보다 작았던 공이 다른 공들과 계속 충돌하면서 그 공들을 우리가 알아차릴 수 없을 정도로 미세하게 깎아내어 자신이 다른 공들보다 약간 커지는 상황을 상상해보라고 요구한다. 데카르트에 따르면 이런 상황에서 두 공의 운동은 근본적으로 변화하게 된다. 그러나 공들의 크기가 이런 정도로 사소하게 변화한다고 해서 처음에는 작은 공이 다른 공들과 충돌하여 미세하게 튕겨져 나오다가 나중에는 다른 공들을 밀어내는 결과가 나오리라고 가정하는 것은 터무니없는 일이다. 따라서 라이프니츠는 데카르트가 틀렸다는 점을 보였다고 생각한다.

현대 물리학은 대부분 현실적인 측정이 아니라 사고실험에 기초하고 있다. 아인슈타인(Einstein)은 빠르게 하강하는 엘리베이터에서 실제로 측정을 하지 않았으며, 슈뢰딩거(Schrödinger) 또한 방사능을 함유한 돌이 든 상자에 실제로 고양이를 집어넣지 않았다. 이들 모두는 가설만으로도 충분하였다. 물론 실제로 이런 실험을 얼마든지 **행할 수도** 있다. 하지만 사고실험의 관점에서 보면 이를 실제로 실험하는 일이 그다지 큰 도움이 되지 않는다. 필요한 모든 정보가 이미, 말하자면, 우리의 의식 안에 숨겨진 상태로 주어져 있다. 사실상 갈릴레오, 뉴턴, 다윈(Darwin), 아인슈타인 등은 모두 사고실험을 사용하여 단지 탐색하는 수준에 그치지 않고 복잡한 문제와 과학적 논쟁들을 해결하는 데 큰 성과를 거두었다. 그들은 사고실험의 개요를 제시한 후 다른 사람들이 거기서 등장하는 논리에 따르도록 만들어 결국 자신들의 발견을 받아들이지 않을 수 없도록 유도하였다. 이런 실험은 '마음 안의 실험실'에서 이루어진 진정으로 중요한 시도들이다.

현대의 거장인 아인슈타인은 우리가 빛과 같은 속도로 여행을 한다면 어떤 일이 일어날 것인가를 상상하기 위하여 사고실험의 기법을 사용하였다.

만일 우리가 큰 파도가 다가올 때 부두를 따라 계속 뛴다면 파도는 우리에게 고정되어 있는 커다란 물 덩어리로 보일 것이라고 그는 생각한다. 그렇다면 빛과 같은 속도로 나는 우주비행사에게는—광파 또한 고정된 것으로 보이지 않겠는가?(스물한 번째 사고실험 참조) 또 다른 사고실험을 보면 한 물리학자가 마취제를 먹고 잠들어 있다가 어떤 큰 상자 안에서 깨어났는데 이 상자는 지금 줄에 매달려 계속 위로 끌어올려지고 있다. 그리고 이 상자를 향해서 빛이 발사되었다. 이미 잘 알려져 있듯이 이렇게 '상승하는 상자'는 위의 두 경우에서 모두 빛이 휘어져 보인다는 점을 제시함으로써 일정한 가속도와 중력장 효과가 동일하다는 점을 증명하기 위하여 고안되었다. 이런 간단한 생각에서 특수 상대성 이론이 탄생하였다. 후에 아인슈타인은 다음과 같이 말하였다. '처음부터 나는 그런 관찰자의 관점에서 판단할 때도 (상대적으로 지구에서 볼 때) 정지된 관찰자에게 적용되는, 동일한 법칙에 따라 모든 사건이 발생하여야만 한다는 사실을 직관적으로 분명하게 파악하였다. 만일 그렇지 않다면 어떻게 첫 번째 관찰자가 자신이 매우 빠르게 일정한 속도로 운동한다는 사실을 인식하고 또 그렇게 규정할 수 있겠는가?'

어떤 사람들은 이런 모든 주장들이 너무 적합한 요소만을 끌어 모았기 때문에 참이 되기 어렵다고 말한다. 이들은 이런 접근법이 실험자가 원하는 요소만으로 구성되므로 실험과 무관한 세부적이고 복잡한 요소들을 제거할 수 있는 이점을 지니기도 하지만 동시에 그런 과정에서 실험과 관련되는 정확한 내용 또한 무시될 수 있다고 우려한다. 비트겐슈타인(Wittgenstein)이 표현하듯이 '단어의 사용이 명확하게 규정되는 일은 오직 정상적인 경우들에서만 일어난다. 이 때 우리는 이런저런 경우들에서 단어가 무엇을 말하는지를 분명히 인식하며 조금도 의심하지 않는다. 터무니없는 경우일수록 단어의 의미 또한 더욱 의심스러워진다.' 그는 이어서 다음과 같이 말한다. 만일 당신이 '현재 존재하는 것과는' 전혀 다른 방식으로 사물들을 상상한다면, '당신은 더 이상 확실한 개념들의 적용 또한 상상할 수 없다.' 이런 언급은 그 자신이 자유롭게 사고실험의 기법들을 사용하였다는 사실과는 다소 불편한 관계를 드러낸다. 예를 들면 그는 의사들에 의해서 두뇌가 제거된 사람의 경우를 묘사하기도 하고, 또 다른 실험에서는 모든 사람들이 정확하게 똑같이 보이는 세계를 상상해보라고(아홉 번째 실험 참조) 요구하기도 한다. 이외에도 그가 특히 언어의 가장 중요한 측면들을 밝히기 위하여 최소한 거의 사고실험에 '준하는' 다양한 방법들을 사용하였음을 잊어서는 안 된다. 이중에는 언어를 기차 엔진을 조절하는 일과 비교한 내용도 있고 사고가 난 길을 알려주는 지도와 비교한 비유도 있다. 하지만 이들 중 가장 정교한 실험은 모든 사람들이 몰래 지닌 작은 상자 안에 있는 '딱정벌레'의 예이다(스물세 번째 실험 참조). 하지만 그 후 비트겐슈타인은(또는 열렬한 추종자들이 표현하듯이 최소한 '후기 비트겐슈타인'은) 언어는 연속적인 그림으로 가장 잘 이해될 수 있다고 굳게 믿었으며 그의 사고실험 또한 나름대로의 방식으로 자신의 접근법을 논리적으로 표현하는 데만 사용되었다.

어쨌든 사고실험이 '비정상적인' 경우들과 관련된다는 비난은 위대한 수학의 역사와도 불편한 관계를 드러낸다. 왜냐하면 수학에서는 존재할 수 없는 개념들이 너무나 많이 등장하여 이들을 보고 놀랄 수도 없을 지경이기 때문이다—크기가 없는 점, 완벽한 원, 음수와 무리수 등이 모두 이에 속한다. 하지만 수학은 고대의 철학자들로부터 현재에 이르기까지 전통적으로 사고실험의 가장 중요한 원천이 되어왔다. 러셀과 프레게(Gottlob Frege) 등이 이른바 집합의 역설을 (비트겐슈타인 또한 이 논쟁과 밀접하게 관련되는데) 해결하기 위하여 제시한 사고실험은 철학적, 수학적 논쟁 모두에서 핵심적인 위치를 차지하는 것으로 인정되는데 이는 정당한 평가이기도 하다. 그리고 내가 이 책의 끝 부분에 제시한 '실험 방법' 안내에서는 사고실험의 기법들이 이미 알려진 사실과 확립된 주장들로부터 어떻게 '새로운' 정보를 정당하게 이끌어내는지를 보여주기 위하여 고안된 일종의 메타 사고실험이 제시되는데 우리는 이를 수학적으로 (가장 기초적인 수학이면 충분한 수준이지만) 검토하여야 한다.

　　사실 수학과 물리학은 서로 다른 규칙과 더불어 작동하므로 이들을 어느 정도 분리하여 생각할 필요가 있다. 물리학은 측정에 기초한 경험적인 학문이지만 수학은 최초에 가정되는 '공리들'에 기초한다. 현대에 접어들어 몇몇 물리학자들은,—철학자들은 그렇지 않겠지만—수학적 지식을 제한적이고, 심지어 결함을 지닌 것으로 간주하기도 한다. 아인슈타인조차도 다음과 같이 말하였다. '수학의 명제들은 실재와 관련되는 한 확실하지 않다. 반면에 그들은 확실한 한 실재와 무관하다.'

　　몇몇 철학자들도 불확실성과 제한된 지식을 항상 나쁜 것으로 간주한다. 이른바 잠재적인 도덕 과학자를 자처하는 많은 사람들, 예를 들면 공리주의자들은 행복 최대화의 원리에 기초한 단순한 규칙들을 갖추고 사고실험을 행하는 사람들이 사실상 판단을 방해하는 '혼란스러운 경우들을 연속해서' 늘어놓을 뿐이라고 생각한다. 그들은 스스로 도덕적 직관을 탐구한다고 생각할지 모르지만 사실은 전혀 그렇게 하지 않으면서 단지 복잡함을 단순함으로 대체하고 그렇게 하더라도 어떤 차이도 생기지 않는다고 항상 가정할 뿐이다. 공리주의를 비판하는 인물 중 한 사람인 매킨타이어(Alasdair McIntyre) 또한 사고실험에 반대하면서 윤리적 사고실험은 최초의 근원과 논쟁으로부터 분리되어 있다는 점에서 '반역사적'이라고 주장한다. 다른 사람들도 사고실험이 우리로 하여금 배우가 되어 사실 아무 것도 증명하지 않은 채 끝없이 똑같은 대본에 따라 반복해서 연기하기만을 강요하는 연극 공연으로 변질될 수 있음을 경고한다. 마르크스주의자들은 사고실험을 '소박한 현실 도피'라고 비난하면서 철학자들은 현실적인 문제에 집중해야 한다고 주장한다.

또 다른 사람들은 사고실험이 직관에 의존하는 점에 반대하면서 '상상가능성'과 '존재가능성' 사이의 관계와 같은 전통적인 관심이나 신이 진정으로 존재하는가라는 질문에 답하려는 시도에서 드러나는 특성들을 분명하게 규정하려는 논쟁 등에로 돌아가야 한다고 주장한다. 그러나 이와 동일한 관심이 사고실험자들이 제기하는 더욱 직접적인 질문에도 적용될 수 있다. 예를 들어 의학적인 주제와 관련해서 육체의 각 부분들이 점차 제거된다면 어느 시점에 사람이 죽게 되는가? 이런 실험은 충분히 상상 가능하지만 아마도 상상가능성의 환상, 즉 어리석고 무익한 일을 가정하는 것에 지나지 않는다. 이것이 바로 스스로 사고실험의 기법을 즐겨 사용하기도 했던 마흐 (Ernst Mach)가 뉴턴의 널리 알려진 '양동이' 실험을(열네 번째 실험 참조) 비판하면서 정확하게 의미하였던 바이기도 하다. 뉴턴의 실험은 밧줄에 매달린 양동이에 대한 일반적이고 평범한 설명처럼 보이지만 사실 그는 이를 통하여 은밀하게 우주 전체를 그려낸다. 이에 대하여 마흐는 다음과 같은 냉정한 평가를 내린다. '사고실험을 할 때 주어진 경우에서 새로운 특성을 명백히 이끌어내기 위하여 중요하지 않은 상황들을 변형하는 일은 허용될 수 있다. 하지만 우주 전체가 현재 논의 중인 현상에 어떤 영향도 미치지 않는다고 미리 가정해서는 안 된다.'

하지만 사고실험의 기법들을 가장 냉혹하게 비판한 사람들은 일련의 전통적인 '분석' 철학자들인데 명백히 이들은 이성적 연역이라는 절차보다는 '직관적인 반응'으로부터 결론을 이끌어내는 일에 크게 고무되어 이에만 몰두해왔다(매우 우습게도 또 다른 철학자 로티[Richard Rorty]는 사고실험들에서 어떤 일이 일어날지를 결정하는 요소는 바로 우리가 지닌 신념이기 때문에 사고실험은 '순환적'이라고 말하였다. 로티가 주목하는 점은 아마도 사고실험의 기법이 '분석'을 저해한다는 사실인 듯하다. 분석의 목적은 무언가를 가정함으로부터 출발하여 그것을 약간 검토한 후 최초의 가정과 더불어 어떤 결론을 내리는 것인데 이 과정에서 최초의 가정이 무엇이었는지는 거의 잊어버리게 된다. 따라서 어떤 논리학자가 우리에게 무엇이라고 말한다 할지라도 '분석'으로부터는 어떤 새로운 사실도 결코 얻을 수 없다).

요즘 들어 수많은 현대 철학자들의 관심은 오직 사고실험 기법의 정체를 폭로하는 일인 듯하다. 예를 들어 철학 잡지《윤리학》(*Ethics*)에 호로비츠(Tamara Horowitz)가 발표한 논문은 유감스럽게도 퀸(Warren Quinn)에게 윤리적 가치에 관한 결론을 이끌어내기 위한 기법을 사용할 권리가 없음을 보이는 데 대부분을 소비한다. 퀸의 사고실험은 항상 다양한 종류의 재난에 직면할 수 있는, 서로 다른 종류의 사람들로 가득 찬 지하철이라는 널리 알려진 상상적인 경우를 다룸으로써 이른바 '구조의 딜레마'를 떠올리게 한다. 퀸의 예에서 재난이 발생하였을 때 구조될 수 있는(또는 피해를 입게 되는) 사람의 수는 일정하게 고정되어 있지만 주변의 상황이나 사람들을 묘사하기 위하여 사용되는 표현은 변화될 수 있다. 이에 대하여 호로비츠는 재난의 결과가 우연적으로 묘사된다면 사람들이 그런 불행한 결과를 관대하게 용인하는 반면 결과가 더욱 적나라하게 묘사된다면 이를 강력하게 비난한다는 점을 지적한다.

어떤 측면에서 보면 이는 단지 상식적인 수준에 지나지 않는다. 하지만 호로비츠는 이것이 오히려 사고실험 일반과 특수한 윤리적 딜레마들이 스스로 사용하는 표현 또는 자주 그러한 문제들의 '구조'라고 불리는 무언가에 의해서 영향을 받을 수 있음을 보여준다고 생각한다. 최소한 우리가 다른 사람들에 관한, 심지어 우리 자신을 포함한 사고실험을 구상할 경우 이런 지적은 반드시 고려하여야만 한다. 이에 대해서는 이 책의 마지막 부분에서 '사고실험의 방법'을 다루면서 다시 한 번 살펴보려고 한다.

반면에 사고실험의 기법과 관련해서 사실상 어떤 표현이 결과를 왜곡한다면 실험자가 그 표현을 바꾸어서는 안 된다고 말하는 것은 아무런 의미도 없다. 더욱이 사고실험의 기법들을 강력하게 옹호하면서(다소 진부한 면이 있기는 하지만) 로버츠(Francis Roberts)는 《사회행동 이론 잡지》(*Journal of the Theory of Social Behaviour*)에 발표한 논문을 통하여 사고실험은 최소한 실험과정에서 '주변상황을 왜곡함'이 없이 수행되는 탐구를 허용하여야 한다고 주장한다. 반면에 댄시(Jonathan Dancy)는 다른 곳에 발표된 '윤리학에 있어 상상적인 경우들의 역할'(The Role of Imaginary Cases in Ethics)이라는 논문에서 사고실험은 실제 경우와 마찬가지로 충분히 정당할 수 있다고 주장한다. 특히 그는 사고실험이 세부사항들을 충분히 포함할 경우에는 설령 이들이 실제의 실험에서는 발견되지 않는 '일종의 불확정성'을 지닌다 할지라도 정당할 수 있다고 생각한다.

예를 들면 카프카(Franz Kafka)는 소설 《변신》(*Metamorphosis*, 1915)에서 우리가 잠에서 깨어났을 때 자신의 몸이 거대한 벌레로 변해있다는 사실을 발견한다면 어떻게 될지를 묘사한다. 만일 우리가 윤회를 믿는다면 그렇게 될 가능성은 충분하다. 카프카의 소설에는 '정신 이동' 장치 또한 이미 등장하는데 이는 최근의 철학적 논쟁에서 매우 활발하게 언급되는 바이기도 하다. 심지어 전혀 터무니없는 이야기들조차도 우리의 직관이나 가정 모두에 대하여, 이들이 방법론적이든 아니면 윤리적이든 간에, 현실에 얽매인 구체적인 경우에 비하여 훨씬 더 많은 내용을 전해준다.

이것이 길먼(Charlotte Perkins Gilman)이 자신의 유토피아를 《여자만의 나라》(*Herland*, 이 책은 우연히 카프카의 《변신》과 같은 해에 출판되었다)에서 그리면서 분명히 느꼈던 바인 듯하다. 이 책에서 길먼은 멀리 떨어진 지구 어딘가에 있는 여성들만으로 이루어진 사회를 방문한 세 명의 남성 탐험가들이 무엇을 발견하고 어떤 반응을 보이는지를 묘사한다. 이 사회는 꽤 오래 전에 남성들이 차례로 죽으면서 다른 일반적인 사회와 분리되었는데, 그 후 특유의 여성중심적인 방식으로 진화하여 나름대로 아이들을 양육하고 주변 환경과 조화를 이루면서 살아가는 방법을 발견한 곳으로 그려진다.

길먼의 책은 영국에서 여성참정권 문제가 대두되고 유럽과 미국에서 여성평등 운동이 전개되었던 시기에 출판되었으므로 그녀의 이야기는 남성/여성의 성역할과 행동, 모성, 개인의 개성, 성행위 등의 주제에 대한 견해를 전달하는 수단으로 활용되었다. 하지만 더욱 최근의 여성주의자들은 길먼의 입장에 대하여 여러 가지 회의를 품기도 한다. 즉 그녀의 접근방식은 '제한적인 남성중심의 사고 형태'를 활용하는데 이를 더욱 총체적이고, 포괄적이고, 상호협력적인 형태로 바꾸어야 한다는 주장이 제기되며, 또한 길리건(Carol Gilligan)이 표현하듯이 그녀의 관점이 '전후의 구체적 맥락을 고려한 해결책을 넘어서서 추상적인 원리들을' 강조한다는 점이 지적되기도 한다.

하지만 이런 지적은 다소 불공정한 면이 있다. 최근에 등장한 가장 널리 알려진 윤리적 사고실험 중의 하나는 윌리엄스(Bernard Williams)가 제시한 것인데 그 내용은 다음과 같다. 짐(Jim)이라는 청년이 남아프리카 공화국 어떤 도시의 시내 광장에 도착하였는데 그곳에서 그 도시 사람 20명이 꽁꽁 묶여 있는 것을 보았다. 그들 앞에는 지역 민병대의 지휘관이 서 있었다. 깜짝 놀란 짐에게 지휘관은 방금 이들의 반란을 진압하였으며 곧 총살할 예정이라고 설명하였다. 그러나 만일 이 도시를 방문한 훌륭한 방문객이, 예를 들면 짐이 맨 앞에 서 있는 사람을 총으로 쏜다면—이 경우 나머지 사람들은 모두 풀려난다고 말하였다.

　이 실험은 정확하게 말하면 '추상적인 추론의 우위'(이 경우에는 공리주의)와 '구체적 맥락을 무시한 사고'의 문제점을 지적하기 위해 제시되었다. 이 실험을 진행하면서 우리는 과연 이런 종류의 문제가 결과에서 산출되는 '행복의 총계'를 계산하여, 19명의 불운한 사람들을 구하기 위하여 양심의 가책을 극복함으로써 신속하게 해결되는지를 회의하게 된다. 또한 우리는 순전히 다른 사람들을 돕기 위하여 그렇게 할지라도 맨 앞에 서 있는 사람을 희생시키는 일이 과연 정당화될 수 있는지를 심각하게 고려해보아야 한다.

　어떻든 간에 최근에 등장한 다른 여성주의자들은 위와 같은 예가 자신들의 접근법을 보여준다고 생각하지 않는다—그리고 이런 사실은 널리 알려져 있기도 하다. 복(Sissela Bok)은 저서 《비밀: 숨김과 드러냄의 윤리학에 관하여》(Secrets : On the ethics of concealment and revelation)에서 심리치료나 스파이 행위와 같은 활동에서 드러나는 비밀과 비밀성이라는 주제를 검토하기 위하여 네 종류의 사회를 상상하는 사고실험을 시도한다. 또한 이 책의 스물두 번째 실험에서 우리는 톰슨(Judith Jarvis Thompson)이 제시한 '무의식 상태의 바이올린 연주자'라는 예를 살펴보려고 하는데 이는 인공유산의 윤리가 가정하는 바를 검토하기 위하여 고안되었으며, 최근에 등장한 것들 중 가장 성공적이고 많은 논의를 낳은 사고실험이기도 하다. 예를 들면 논쟁에 참여한 워런(Mary Anne Warren)은 억지로 바이올린 연주자 옆에 눕게 된 불운한 사람과 바이올린 연주자를 연결하는 장치를 제거하고 대신 자발적으로 그 역할을 하려고 하는 지원자를 구해야 한다고 주장한다. 반면에 베르트하이머(Roger Wertheimer)는 만일 자궁이 투명하여 그 안의 태아를 볼 수 있다면 사람들이 어떻게 생각할지를 묻는다.

　여성주의자들과 마찬가지로, 이들이 개인적으로 얼마나 회의적인 태도를 보이든 간에, 가장 분석적인 철학자들조차도 사고실험을 행하지 않을 수 없었다. 위대한 독일의 논리학자인 프레게는 '기존의 방식과는 전혀 다른 어떤 논리'를 지니는 '이성적인 종족'이 마법처럼 존재할지도 모른다는 모든 불안을 극복한 후에 유감스럽지만 그런 종족은 더 이상 '이성적'으로 간주될 수 없으리라는 결론에 이른다(그와 같은 나라에서 태어난 칸트와 마찬가지로 프레게에게도 논리학의 규칙들이 종족과는 무관하게 우리 모두에게 적용된다는 점을 논증하는 일은 매우 중요하였다).

이와 관련되는 더욱 최근의 시도로 스트로슨(Peter Strawson)이 제시한 상상적인 '소리의 세계'를 들 수 있다. 이 세계에서는 '지위'가 이른바 '지배-소리'라고 불리는, 계속 변화하는 음조에 의해서 다소 복잡한 방식으로 결정된다(이에 대해서는 이 책 끝 부분의 '실험 방법'에서 더욱 상세히 논의할 예정이다). 또 다른 예로는 홀리스(Martin Hollis)의 이상한 마을을 들 수 있다(이 사고실험이 이전에 프레게가 상상하였던 실험과 매우 유사하다는 점 또한 이상한 일이다). 어떤 마을에서 인류학자들이 그곳 '원주민들'은 우리와는 다른 종류의 논리를 사용하지는 않는가라고 염려하면서 그들의 언어를 번역하려고 애쓰는 중이다. 원주민들 중에 엘리스(Brian Ellis)라는 인물이 있는데 그는 만일 우주 안에 오직 하나의 사물이 존재한다면—그는 이것을 'e'라고 부르는데 이는 아마도 자기 자신을(즉 엘리스의 본질Essence of Ellis)을 지칭하기 위하여 붙인 이름인 듯하다—그 대상이 여전히 '양적인' 속성들을 지닐 수 있는지를 궁금해한다. 예를 들어 비교할 수 있는 다른 아무 것도 없는 상황에서 엘리스의 본질은 얼마나 크다고 말할 수 있는가? 어떤 단위도, 어떤 자도, 어떤 나무도, 심지어 무(無)도 없는 상황에서.

(이런 측면이 다소 약화된 예로서) 퀸턴(Anthony Quinton)의 사고실험을 들 수 있는데 그는 여섯 살 소녀의 몸에 처칠(Winston Churchill)의 정신

이 깃든 경우를 제시한다(이를 통하여 그는 어떤 특성들이 특정한 물리적 전제조건을 필요로 한다는 생각에 반대하는 입장을 드러낸다). 그리고 설(John Searle)의 중국어 방(Chinese Room) 사고실험은 당연히 매우 중요한 예이다. 이 예는 대중매체를 통한 논의와 대학의 강의 모두에서 항상 다루어지는 표준적인 실험이다. 나 자신 또한 이 중요한 사고실험을 피하려 하지 않고 다소 '자극적인' 형태로 열여덟 번째 사고실험의 후반부에서 다루었다.

설의 '중국어 방' 사고실험은 원래 ('정신, 두뇌 그리고 프로그램' 〔Minds, Brains and Programs〕이라는 제목의 논문에서) '정신에 관한 이론을 검토하는 방법 중의 하나는 어떤 이론이 모든 정신작용에 대하여 적용된다고 주장하는 원리에 따라 실제로 나의 정신이 그렇게 작동한다면 **과연 어떻게 되는지**를 자문해보는 방법이라는' 설명과 더불어 도입되었다. 그는 이 실험이 사람들을 설득하여 컴퓨터에게 인간과 유사한 사고 기법을 부여하려는 인공지능 이론들이 '무의미하며', 최소한 '거의 불가능하다는' 의견에 이르기를 희망한다. 반면에 다른 분석철학자들은 넓은 의미에서 설과 같은 목표를 공유하면서도 사고실험을 통해서 제시된 증명을 전혀 받아들이지 않기도 한다. 그런 철학자 중의 한 사람인 덴네트(Daniel Dennett)는, 중국어 방 이야기는 일종의 논증이 아니기 때문에 '건전할' 수 없다고 반박한다. 즉 이 이야기에 등장하는 모든 가정을 받아들인다 할지라도 어느 누구도 그 결론을 논리적으로 받아들이지 않을 것이라는 의미에서 건전하지 않다고 주장한다. 물론 이는 두 가지 가능성을 열어놓는다. 즉 설령 우리가 설의 결론이 전혀 터무니없는 주장임을 발견한다 할지라도 가정 또는 그에 뒤따르는 방법을 의심할 논리적인 근거는 없는 듯하다.

하지만 새로 창간된 《인공 생명 잡지》(*Journal of Artificial Life*)에 쓴 특별한 서문에서 덴네트 교수는 철학자들이 사고실험에서 항상 '불법거래를 통하여 속아왔음'을 (그는 이렇게 고약한 표현을 사용하는데) 지적한다. 그의 지적에 따르면 사고실험의 기법들은 '분명하게 규정되지 않은 것으로 악명이 높으며,' 다양하고 복잡한 사고실험 이야기들에서 이른바 '이성에 대응되는 것' 또는 '명백한 것'은 **진정한 논리적 통찰**의 명령이라기보다는 오히려 선입견에 기초한 인위적 조작이나 철학자들의 상상력이 지닌 한계일 경우가 훨씬 더 많다. 설령 그렇다 할지라도 사고실험의 기법들은 희망적인 요소도 지닌다. 설은 회전의자에서 돌아앉을 수 있을지 모르지만, 덴네트가 보기에는 최소한 **컴퓨터가** 철학자들의 사고실험을 가치 있는 일로 만드는 듯하다. 컴퓨터를 모델로 삼아 여러 가설들을 제시함으로써 덴네트는 전체 실험과정이 다소 정당화될 수 있다고 생각한다. 따라서 그는 다음과 같은 결론을 내린다. '이런 기회를 인식한 철학자들은 바로 이 영역에 뛰어들어, 어느 정도의 추상화 수준을 유지하는가는 그들의 관심에 달려있지만, 컴퓨터의 모의실험 기법을 활용하여 자신들의 개념을 마련하려고 한다.'

물론 이런 주장은 무의미한 공상에 지나지 않는다. 철학자들은 비디오 레코더나 복사기와 마찬가지로 컴퓨터가 없이도 혼자 잘 해나갈 수 있어야 한다. 여기서는 단지 가장 콧대 높은 '분석' 철학자들까지도 사실상 가설을 제시하고 검토하는 일의—엄밀하게 말하자면 가장 심각한 형태의 비논리성을 드러내는 귀납적 사고를 사용하는—가치를 인정한다는 점만을 언급하는 정도로 충분하리라 생각된다. 어떤 독자들은 러셀이 든 불운한 닭의 예를, 즉 매일 모이를 주는 농부의 손을 보고 맛있는 모이 한 줌을 기대하면서 닭장 밖으로 걸어 나왔지만 그 날은 농부가 특별한 저녁을 계획하였기 때문에 결국 그의 손에 목이 비틀리고 마는 닭의 예를 떠올릴지도 모른다 …

사고실험의 타당성을 둘러싼 오늘날의 논쟁 대부분은 이런 주제에 초점이 맞추어진다. 즉 사고실험의 기법들이 새로운 지식을 제공하는가 아니면 단지 오래된 지식을 새로운 방식으로 제공할 뿐인가 사이의 차이가 논점을 형성한다. 한편으로 브라운(James Brown) 같은 철학자들은 사고실험이 자신들이 자연현상에 대한, 경험과 무관한 인식이라고 즐겨 부르는 바를, 예를 들면 수학자와 물리학자들이 계속 씨름해 왔으며 이른바 형상의 세계 안의 '어딘가에' 존재할 수도 존재하지 않을 수도 있는 수학적 실재와 '자연법칙' 등을 제공한다고 말한다. 다른 한편으로 노턴(John Norton) 같은 철학자는 사고실험을 통해서 얻어지는 어떤 지식도 새롭게 '발견된' 지식이 아니며, 단지 이미 숨어있던 바를(말하자면 논리적으로 불완전한 형태로 무질서하게 엉켜있던 바를) 풀어낸 정도에 지나지 않는다고 강력하게 주장한다.

하지만 한때 사고실험을 다음과 같이 일종의 논증으로 분명하게 정의한 사람은 다름 아닌 노턴이었다.

1. (사고실험은) 가설적인 또는 반사실적인 사건의 상태를 가정하고
2. 결론의 일반성과 무관한 특수한 요소들에 의지한다.

이런 정의는 매우 분명해 보일지 모르지만 사실 사고실험이 '가설적'이라는 말은 엄밀한 의미에서 아무 것도 말해주는 바가 없다. 따라서 '또는 반사실적'이라는 말이 첨가되어 적절한 역할을 한다. 무언가가 반사실적인지 아니면 사실적인지를 규정함에 있어 우리는 그리 큰 위험을 무릅쓰지 않아도 된다. 사실 몇몇 사고실험은 반사실적이지만 다른 많은 실험은 이와는 달리 모두 전적으로 가능한, 비록 필연적으로 가능하지는 않다 할지라도, 요소들을 통하여 실재의 단면들을 논증한다. 그렇다면 이제 혹시 실험과 무관한 사소한 요소들이 포함되지 않은가라는 관찰만이 남는데 이는 우리가 사고실험자에게 항의할 수 있는 잘못을 정확하게 밝히는 (가능한 한 흥미로운 방

식으로) 과정이다.

이와 관련하여 갈릴레오의 배 논증 (열아홉 번째 실험) 을 예로 들면, 배 앞부분을 향해서 헤엄치는 물고기나 아무렇게나 모든 방향으로 계속 나는 나비와 같은 사소한 요소도 고려되어야 한다. 즉 이들까지도 모든 점에서 고려의 대상이 된다. 하지만 이는 또한 현대 물리학 대부분의 기초를 형성하며, 중세의 독단적인 주장을 약화시켜 새로운 세계를 창조하는 출발점이 되었다. 그 후 이러한 논증의 결과로 지동설의 체계는 종교적 문헌들뿐만이 아니라 '과학' 이 제공하는 명백한 확실성에도 의지하려는 신학자들이 모든 철학자와 과학자들을 강력하게 밀어붙이는 빌미를 제공하였다. 하지만 사고실험을 통한 갈릴레오의 접근은 다른 어떤 측량이나 예측보다 더욱 큰 확실성과 타당성을 제공한다고 여겨졌다(특히 종교적 문헌들이 지닌 의심할 수 없는 권위로부터 성공적으로 벗어날 수 있게 하였다).

비록 오늘날에도 아리스토텔레스의 발자취를 따르려는 사람들은 사고실험을 통한 접근 전반을 당혹스럽게 여기기도 하지만, 수천 년 동안 '마음 안의 실험실' 에서 이루어진 실험이 낳은 위대한 발견과 논쟁을 다시 검토해보는 일은 나름대로 충분한 의의를 지닌다.

26가지의　사고실험

가속도에 관하여 논쟁을 벌이는 앨리스와 천문학자

특별히 필요한 준비물 : 오렌지 마멀레이드

《이상한 나라의 앨리스》(*Alice in Wonderland*)에서 앨리스는 한 순간에 '토끼 굴의 구멍 아래로' 사라져버린다.

토끼 굴은 얼마 동안 터널처럼 반듯하게 뚫려있는 듯 하더니 갑자기 아래로 떨어져 내리게 되어 있었다. 미처 멈추어야 한다는 생각을 할 겨를도 없이 앨리스는 바로 깊은 우물과도 같은 굴 아래로 떨어져 내렸다. 굴은 매우 깊었지만 어찌된 셈인지 앨리스의 몸은 아주 천천히 떨어져서 그녀는 앞으로 어떤 일이 생길지를 염려하면서 주변을 살필 수 있는 충분한 시간이 있었다.…

그 다음에 일어난 일은 널리 알려져 있는데 (어쩌면 믿기 어려운 일인지도 모르지만), 앨리스가 계속 떨어져 내리면서 용케 오렌지 마멀레이드 단지 하나를 집어 들었다고 한다.

계속 아래로, 아래로. 이러다가는 끝도 없이 떨어지기만 하는 것이 아닐까?' '지금까지 몇 마일이나 떨어져 내렸는지 모르겠네.' 앨리스가 큰 소리로 말하였다. '틀림없이 지구의 중심에 가까워졌을 거야.'

하지만 앨리스는 계속 떨어져 내렸으며 '이러다가 나는 지구를 뚫고 나가게 될 거야!' 하고 생각하였다.

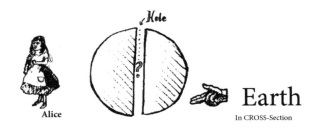

그림 1 앨리스와 지구를 관통하는 구멍

캐럴(Lewis Carroll)>4 이 보여준 대부분의 상상과 마찬가지로 앨리스가 빠진 굴과 관련해서도 보기보다 중요한 문제가 등장한다. 특히 캐럴이 살았던 당시 사람들은 너무나 깊어서 지구의 중심을 관통하여 지구의 반대 면까지 이어지는 구멍에 어떤 사물이 빠지면 도대체 어떤 일이 일어날지에 대하여 이미 상당한 관심을 보였다. 이 문제에 관심을 보일 듯이 여겨지는 일반인들, 즉 농부나 도보 여행자 같은 사람들뿐만 아니라 유명한 사상가들, 예

---

4 **역자주** 캐럴(1832~1898)은 여기서 인용된 《이상한 나라의 앨리스》의 작가이다. 본명은 Charles Lutwidge Dodgson이며 아동문학가, 수학자, 논리학자, 사진작가 등의 폭넓은 활동을 한 것으로 유명하다.
5 **역자주** 《영웅전》으로 널리 알려진 그리스의 전기 작가로 기원 후 46년에서 119년경까지 생존했다고 전해진다.

를 들면 플루타르코스(Plutarch)>5, 베이컨(Francis Bacon)>6, 볼테르(Volta-ire) 등도 이에 관한 주장을 펴는 데 상당한 시간을 할애하였다.

특히 오랜 세월동안 사람들은 지구의 중심이 곧 우주의 중심이며 그곳은 여러 가지 이상한 일들이 일어날 수 있는 신비한 장소라고 믿어왔다. 지구를 관통하는 구멍에 대한 상상은 참으로 훌륭한 사고 실험이라고 플라마리옹(Camille Flammarion, 1842~1925)은 말하였을 듯하다. 프랑스의 천문학자인 플라마리옹은 20세기 초 《더 스트랜드》(*The Strand*)라는 잡지에서 이 구멍에 대한 환상적인 설명을 시도했다—위와 같은 그림과 더불어(앨리스가 말하듯이 그림도 없고 대화도 등장하지 않는 책이 무슨 소용이 있겠는가?).

오늘날 과학자들은 어쩌면 삽으로 땅을 파서 지구의 중심에 도달하려 할지도 모른다. 하지만 이는 물론 그들의 노력을 낭비하는 일이 되고 만다. 이제 다음과 같은 질문이 등장하는데 이는 삽으로 땅을 파는 대신 '마음 안의 실험실'에서 가장 잘 탐구될 수 있다.

예를 들면 앨리스와 마찬가지로 만일 무언가가 지구의 중심을 관통하는 구멍으로 떨어진다면 도대체 어떤 일이 일어날 것인가?

---

6 베이컨은 다음과 같이 말하였다. '우리는 특히 철이 자석을 향하여 움직이려는 성질을 지니고 있음을 관찰한다. 그러나 철의 분량이 어느 정도를 넘어서면 철은 자석에 이끌리는 성질을 버리고 마치 훌륭한 애국자가 조국을 향하듯이 거대하고 무거운 물체들로 구성된 지역인 지구의 중심을 향하여 움직인다. 따라서 우리는 계속해서 물과 거대한 물체들이 지구의 중심을 향하여 움직이는 것을 볼 수 있다. 그러나 이들은 지구의 중심으로부터 위쪽으로 움직이기도 하는데 이는 자연의 지속성을 파괴하는 것이라기보다는 오히려 그들이 지구에 대한 의무를 저버리고 세계에 대한 의무에 따르는 것이라 할 수 있다.'

갈릴레오(Galileo)는 《중요한 체계에 대한 대화》(*Dialogue on Massive System*)[7]에서 (최소한) 이 문제에 대한 올바른 수학적 대답을 제시한다. 그렇게 지구의 중심을 관통하는 구멍으로 떨어지는 물체는 지구의 중심에 이를 때까지 속도가 계속 증가한다(사고실험에서 늘 그렇듯이 여기서 공기의 저항이나 지구의 자전 등은 무시된다).

그 물체의 속도는 계속 증가하기는 하지만 지구의 중심을 향하여 낙하하기 때문에 지구의 중심에 가까워질수록 증가의 비율은 사실 점차 낮아진다. 따라서 이 물체가 이른바 성스러운 지구의 중심에 도달하면 가속도는 0이 되고 만다. 하지만 이미 이 물체는 무척 빠르게 운동하며 (시속 18,000 마일 또는 30,000 킬로미터로) 구멍은 계속 이어지기 때문에, 낙하하는 앨리스는 (아니면 다른 무엇이라도) 지구의 중심을 통과하여 계속 반대 방향으로 나아간다. 그러나 지구의 중심을 통과하는 순간부터 그녀의 속도를 떨어뜨리려는 힘이 작용하는데 이 힘은 결국 그녀가 지구의 중심을 관통하는 구멍의 반대편 입구에 이를 때까지 계속 증가한다—그 후에 그녀는 다시 아래로 낙하하기 시작한다.

---

7 역자주 이 책의 완전한 제목은 《두 가지 중요한 세계 체계에 대한 대화 - 프톨레마이오스와 코페르니쿠스의 체계에 대하여》(*Dialogo Sopra i Due Massimi Sistemi del Mondo, Tolemaico e Copernicano*)이며 1632년에 출판되었다. 이 책의 내용 때문에 갈릴레오가 로마 교황청으로 소환되어 종교재판에 회부된 사실은 잘 알려져 있다.

캐럴은 이 원리를 자신의 다른 책《실비와 브루노》(*Sylvie and Bruno*)에서 재미있게 응용한다. 여기서 우리의 신사(Mein Herr)라고 불리는 독일인 교수는 지구의 표면상에서 멀리 떨어져 있는 두 도시를 지구 내부에 기차 터널을 뚫어 연결하려는, 즉 지표를 뚫고 직선으로 두 도시를 연결하는 구멍을 파려는 (이 경우 반드시 지구의 중심에 매우 가까이 갈 필요는 없지만) 계획을 선보인다. 이런 기차 길은 어떤 한 도시에서 다른 도시까지 완벽하게 직선으로 이어지며 터널의 중간지점은 입구보다 지구의 중심에 가깝기 때문에, 마찰이 없는 기차는(예를 들면 '자기부상'〔maglev〕기차 같은 것은) 오직 중력에만 의지하여 부드럽게 터널의 중간지점까지 달려 내려가며 그러면서 터널의 나머지 반을 스스로 올라가기에 충분한 추진력을 얻게 된다.

정말 이상하게도 이러한 기차 여행은 이 터널을 통해서 연결되는 두 도시가 어디든지 간에 정확하게 동일한 시간이 걸린다. 시드니로부터 런던까지처럼 지구의 중심을 관통하는 여행조차도 그보다 훨씬 짧은 거리의 여행, 예를 들면 파리에서 모스코바까지의 여행보다 긴 시간이 걸리지 않는다. 이런 여행은 어떤 경우든 정확하게 43분이 걸린다.

윌리엄스의 신체 교환 장치

특별히 필요한 준비물 : 신체 교환 장치

다소 우둔하고, 못 생기고, 단정하지 못한 학자인 깁 교수는 대학의 과학 연구소 안에 '신체 교환 장치'가 있다는 사실을 발견하였다. 나름대로 여러 생각을 한 후 그는 그 장치 안에 들어가 보기로 결심하였다. 그는 장치의 한 쪽 방에 들어가서 자신이 지닌 다양한 정신적 능력들을 두 번째 방에 들어가 있는 스티브에게—젊고, 잘 생겼지만 솔직히 말하면 그리 명석하지는 않은, 자신의 지도를 받는 대학원생에게—전송하기로 마음먹었다.

스티브는 지도교수가 지닌 기술과 지식이 자신에게 주입되면 이로부터 큰 이익을 얻을 수 있으리라고 기대하여 크게 흥분하였다. 하지만 사실 깁 교수는 훨씬 음흉한 의도를 지니고 있었다. 그는 젊은 대학원생의 신체를 완전히 자신이 넘겨받은 다음 자신의 모든 정신적 능력들을 그 안에 옮기는 동시에, 뒤떨어지는 스티브의 정신적 능력을 이미 늙어버린 자신의 신체에 옮기려고 하였다. 장치의 제어판에서 번쩍이는 여러 선택 장치들 중에는 모든 기술의 전송, 모든 기억의 전송, 심지어 모든 개인적인 선호와 독특한 특징의 전송 등도 포함되어 있었다.

집 교수는 악마 같은 손길로 이러한 신체 교환 비용 청구서를 후에 누구에게 보낼지를 상세히 입력하려 하였는데 이는 사태를 더욱 악화시켰다. 비용은 수백만 달러에 이르기 때문에 이 또한 결코 웃어넘길 문제가 아니었다. 물론 가난한 스티브는 이를 지불할 능력이 없다―그는 어쩌면 비용을 지불하지 않았다는 이유로 평생을 감옥에서 살아야 할지도 모른다.

집 교수는 철두철미한 악당이었다. 그는 더욱 이기적인 짓을 하기로 마음먹었다. 그는 곧바로 스티브의 이름과 대학 주소를 입력하기 시작하였다. 그러나 잠시 후 그는 이를 멈출 수밖에 없었다. 만일 그 자신이 스티브의 신체를 얻게 된다면 …

… 그렇다면 그는 청구서를 스티브의 신체를 지니게 될 새로운 자기 자신이 아니라, 스티브의 사고를 지니게 될 늙은 집에게 보내야 하지 않는가?

논 의 할 내 용

신체(또는 정신)의 교환을 둘러싼 이야기는 수없이 많다―이는 단지 철학뿐만이 아니라 민간 설화나 공상과학소설에도 자주 등장하는 소재이다. 아리스토텔레스조차도 소크라테스와 플라톤의 '본질'에 대하여 심사숙고하면서 사실 궁극적으로는 그들의 본질이 동일한 하나가 아닌가하고 생각하

기도 하며, 로크는 '동일성'이 신체적인 특성보다는 정신적인 특성과 더욱 깊이 관련된다는 점을 보이기 위하여 왕자와 구두수선공의 유명한 이야기, 즉 어느 날 잠에서 깨어 서로 신체가 '바뀐 것을' 발견하는 이야기를 선구적으로 사용하기도 하였다.

하지만 이 문제가 철학적으로 함축하는 바는 아직도 충분히 규명되지 않았다. 오늘날에조차도 과학자들은 두 종류의 동일성, 즉 정신적 동일성과 육체적 동일성은 동일한 하나로 환원되어야 한다고 주장하기도 한다. 19세기 생리학자인 뒤 부아 레몽(Emile Du Bois-Reymond)은 다음과 같이 말하였다.

> 한편으로는 나의 두뇌 안에서 일어나는 어떤 원자들의 운동과 다른 한편으로는 근원적이고, 정의할 수 없으며, 부정할 수 없는 사실들, 즉 '나는 고통을 느끼며 욕망을 느낀다. 나는 단맛을 맛보며 장미꽃 향기를 맡는다. 또한 오르간 소리를 들으며 붉은 색을 본다'는 사실들 사이에 어떤 연결점을 상상할 수 있는가?

윌리엄스(Bernard Williams)는 어떤 한 사람으로부터 다른 사람에게로 지식과 기억, 사고 등을 모두 보낼 수 있는 신체 교환 장치를 생각해냈는데 이는 위와 같은 문제를 탐구하는 데 도움을 준다. 그는 이 문제를 단번에 해결하려고 하며 이 문제가 칸트(Kant)와 논의하기에 좋든 아니면 건장한 축구팀 주장과 논의하기에 좋든 간에 이는 결국 우리들 각각에게 자신의 '자아 동일성'을 제공한다고 말한다.

사실 여기서 나는 윌리엄스의 예를 다소 윤색하여 제시하였다. 만일 집의 기억과 기술, 특성들 모두를 전송하기로 선택하였다면, 이 사고실험에서 비용 청구서를 (그리고 그 후에 뒤따를 법원 선고장을) 가엾은 스티브의 기술과 기억을 지니게 될 늙고 쇠약한 '갑'에게 보내는 것이 영리한 일이라고—물론 비윤리적이기는 하지만—생각하게 된다. 이를 통하여 '진정한 갑'은 스티브의 신체를 지닌 채 이를 숨기고 교활하지만 자유롭게 살 수 있다. 이러한 접근 방식은 '자아 동일성'이 사실상 물리적 속성이 아니라 정신적 속성과 관련된다는 직관적 입장과 잘 들어맞는다. 이 점은 명백하다.

하지만 만일 이 장치가 잘못 작동하여 갑의 정신적 속성들이 스티브에게 전송된 후에도 여전히 원래의 갑에게 그대로 남아있다면 어떻게 되는가? 또는 이 장치가 단지 갑의 정신적 속성들 모두를 지워버렸을 뿐 다른 어떤 변화도 일으키지 않아서 스티브가 지도교수의 기술을 조금도 얻지 못하였다고 실망한다면 어떻게 되는가? 이런 경우 우리는 이제 오직 자신의 물리적 외관만으로 규정되는 진정한 갑이 여전히 존재한다고 강력하게 느끼며, 그 후 사건의 진행에 따라 결국 파산함으로써 이중의 불행을 겪을 사람도 바로 그라고 생각하게 된다.

가톨릭교도인 식인종

특별히 필요한 준비물 : 요리용 단지

러셀(Bertrand Russell)은 다소 부담스러운 이 문제를 다음과 같이 소개한다.

가톨릭교회의 공인 철학자인 토마스 아퀴나스(Saint Thomas Aquinas)는 내 생각에 현대의 신학자들이 부당하게 간과한 매우 중요한 문제를 상당히 길고 심각하게 논의하였다. 그는 평생 다른 사람의 육체 이외에는 다른 어떤 것도 먹지 않은 식인종을 상상한다. 그 식인종의 부모 또한 그와 동일한 성향을 지니고 있다. 그렇다면 그 식인종의 육체를 이루는 모든 부분은 다른 어떤 사람의 육체라고 보는 편이 정당하다. 하지만 식인종에게 먹힌 사람들이 영원토록 그대로 참고 있으리라고 상상할 수는 없다. 그러나 만일 그렇게 하지 않는다면 식인종에게는 과연 무엇이 남는가? 만일 그의 육체 전부가 원래의 소유자에게 되돌려진다면 그는 어떻게 지옥에서 제대로 화형을 받을 수 있는가? 아퀴나스가 제대로 인식하였듯이 이는 상당히 곤란한 문제이다.

- 《서양 철학사》(*History of Western Philosophy*)에서 -

사실 이는 아퀴나스가 《반이교도대전》(*Summa Contra Gentiles*)의 4권에서 논의하였던 마지막—결코 사소하지 않은—문제였다. 다른 곳에서와 마찬가지로 여기서도 아퀴나스는 오직 다른 사람만을 먹은 식인종의 경우를 검토하면서, 이 경우가 교회의 입장 전반, 특히 최후의 심판 때 전 인류가 부활한다는 신학적 교리를 부정하는 데 사용될 가능성을 우려한다. 이와 관련해서 가톨릭의 교리와 대비되는(기원전 300년경에 등장한) 에피쿠로스(Epicurus)의 주장을 들 수 있는데, 그는 우리가 단지 수많은 원자들의 다발에 지나지 않으므로 죽음을 두려워할 필요가 없으며 살아있을 때와 마찬가지로 죽은 후에도 최소한 즐겁게 다시 원자 상태로 흩어질 수 있으리라고 주장함으로써 종교적 권위에 강력하게 도전하는 입장을 제시하였다.

하지만 가톨릭에 따르면 최후 심판의 날에 이미 죽어버린 낡은 육체들이 부활한다. 바로 이런 이유 때문에 신은 모든 사람의 머리에 난 '머리카락 하나하나까지도' 놓치지 않고 기억한다. 그러나 식인종의 경우 그에게(이런 경우 요즘은 '그녀에게'라는 표현을 즐겨 사용하기도 한다) 희생당한 사람들을 구성하던 원자들이 모두 원래의 정당한 소유자들에게로 '돌아가 부활한다면' 식인종에게는 무엇이 남는가? 식인종은 천국에서 자신의 육체를 박탈당하여 사용할 수 없거나 아니면, 다음처럼 될 가능성이 더욱 높아 보이는데, 지옥의 불 속에서 영원히 타오르는 무서운 처벌을 면제받게 된다.

따라서 아퀴나스가 제대로 지적하였듯이 식인종 가족의 문제는 특히 해결이 어려운 중대한 난점을 제기한다.

누군가가 평생 동안 오직 다른 사람의 육체만을 먹었다면 어떤 일이 일어나는가? (더욱 현학적인 질문으로) 만일 그의 부모까지도 그렇게 하였다면 도대체 어떻게 되는가?

'식인종한테 희생당한 사람들에게 식인종이 당신들을 먹어버렸으므로 당신들은 최후 심판의 날에 육체를 되찾을 수 없다고 말한다면 이는 불공정한 일인 듯하다. 만일 그렇게 말할 수 없다면 식인종의 육체를 구성하는 요소 중 무엇이 남는가?' 러셀은 계속해서 다음과 같이 말한다. '나는 언뜻 보기에 해결이 몹시 어려운 듯한 이 문제를 당당하게 해결했다고 말하게 되어 무척 기쁘다.' 그가 이렇게 말하는 이유는, 아퀴나스가 규정하였듯이, 육체의 동일성이 동일한 물리적 부분들이 지속된다는 사실에 전혀 의존하지 않기 때문이다. 또한 이런 주장이 합리적인 까닭은 평생 동안 먹고, 소화하고, 재생하고, 부식하는 등 일련의 일상적인 과정을 통하여 우리 육체를 구성하는 모든 물질들이 끊임없이 변화하기 때문이다. 따라서 식인종이나 희생자 모두 부활의 순간에 적절한 육체를 되찾을 수 있을 것이며, 이들 중 어느 누구도 그들이 죽는 순간 또는 그 이전 살아있을 때의 어떤 특정한 순간에 그들의 육체를 구성하였던 것과 동일한 물질로 부활할 필요는 없다. 이런 편안한 생각을 하면서 우리는 러셀과 더불어 이 주제에 관한 논의를 끝마치려는 유혹에 빠질지도 모른다.

이런 식인종 이야기가 다소 우스운 것으로 보일지 모르지만 여기서 제기된 문제 자체는 사후의 영생을 믿는 모든 종교인들에게—단지 식인종과 희생자들뿐만이 아니라—큰 영향을 미쳤다. 일찍이 기원후 2세기 끝 무렵에, 그 이전으로 거슬러 올라가기 어려울지는 몰라도, 교회는 이 문제를 분명하게 인식하고 있었으며, 기독교 사상가 중의 한 사람인 아테나고라스(Athe-nagoras)는 우리가 먹이사슬의 일부에 포함된다는 사실을 들어 이 문제를 요약하여 제시했다. 그에 따르면 우리가 죽은 후 다른 어떤 일련의 피조물들이 우리의 육체를 먹게 되며 먹이사슬에 따라 다시 어떤 다른 사람이 그 피조물들을 먹을 수도 있다. 그렇다면 후자의 사람은 우리의 육체를 구성하였던 물질을 나누어 지니게 되는데 그와 우리 모두가 함께 부활하기에 충분한 물질이 어떻게 존재할 수 있는가? 이에 대한 아테나고라스의 낙관적인 답변은 인간을 구성하는 원자들이 (점잖게 표현하면) 음식처럼 '소화될 수 있는' 존재가 아니라는 것이다. 그러나—우리가 살펴본 식인종 가족에게로 다시 돌아가 보면—이런 주장은 그리 큰 설득력을 지니지 못한다. 만일 이 주장이 사실이라면 식인종은 불쌍하게도 삐쩍 마른 모습만 지니지 않겠는가?

그림 2 식인종과 요리용 단지

아테나고라스보다 한 세기쯤 후에 등장한 또 다른 신학자 오리게네스(Origen)는 더욱 나은 해결책을 제시하였다. 그에 따르면 부활은 우리가 살아있을 때 지녔던, 동일한 물질을 다시 지니는 것이 아니라 오직 정확하게 동일한 구조를 (손상 없이) 다시 지님을 의미한다. 사실 내세에서 우리는 생전과 동일한 물질을 결코 지닐 수 없다. 왜냐하면 내세의 우리는 살이 아니라 공기와 불의 혼합물인 영기(靈氣, pneuma)로 이루어진 육체를 지니기 때문이다. '마부가 말을 몰고 가듯이' 영혼이 육체를 움직인다고 언급하였던 아리스토텔레스와 유사한 종류의 표현을 사용하여 오리게네스는 우리가 내세에서 생전과 동일한 물질이 아니라 오직 동일한 형태로 이루어진 눈부신 새로운 육체를 기대해도 좋다고 말한다.

이를 보고 몇몇 사람들은 당연히 플라톤의 대화편 《파이돈》(*Phaedo*)을 떠올리게 된다. 이 대화편에서 소크라테스는 '사후의 삶'에 대한 자신의 기대를 묘사하면서 사후의 삶이 매우 좋은 시간이 되리라고 생각한다. 즉 자신이 사형을 당하여 영혼이 육체로부터 분리되면 마침내 (세속적 관심에서 벗어나) 진정으로 자유롭게 사고하고 철학 활동을 할 수 있으리라고 기대한다. 하지만 아리스토텔레스는 만년에 접어든 후 유감스럽게도 이런 가능성을 부정하면서 육체의 물리적 활동들로부터—즉 눈, 코, 귀를 통한 감각이나 지각하고, 욕구하고, 사고하는 두뇌 그리고 복잡한 유기체의 잠재의식적 과정 등으로부터—벗어나 생존할 수 있다는 생각은 환상에 불과하다고 말했다.

오리게네스가 제시한 '동일한 형태'라는 해결책은 식인종과 관련된 수많은 문제들을 헤치고 나아가는 듯이 보이지만 그는 여기에 상세한 내용을 더하였는데, 이는 후에 신학적으로 그와 사사건건 대립하였던 메토디우스(Methodius) 주교가 그를 조소하는 빌미가 되기도 하였다. 오리게네스는 우리가 내세의 삶에서는 치아나 위장, 심지어 손과 발까지도 필요로 하지 않으리라고 말하였다. 그는 이것을 매우 민감한 문제로 보았는데 그 까닭은 이들은 더러워질 수 있으며 일반적으로 불쾌감을 주기 때문이다(아우구스티누스는 우리가 천국에서도 여전히 무언가를 먹어야 할지도 모른다는 생각에 몹시 넌더리를 내었으며, 오리게네스는 천국에서 우리가 심지어 자신의 배우자를 기억하지 못하리라는 그리스도의 언급에 특히 주목한다. 이들 사이에는 분명히 큰 차이가 있다). 그러나 만일 우리의 육체가 이런 부분들 모두를 전혀 지니지 않는다면 어떻게 내세의 육체가 현재와 동일한 구조나 형태를 지닐 수 있는가? 이것이 바로 메토디우스의 득의양양한 ('이제 제대로 걸렸다는 식의') 질문이었다.

이 문제와 관련된 더욱 바람직한 해결책은 어쩌면 육체적 죽음 이후에 계속 살아남는 것이 일종의 정신적 구성물로서의 형이상학적 자아라고 가정하는 것인지도 모른다. 그리고 이것이 중세 이슬람 철학자 아비센나(Avicenna)가 도달한 결론이기도 한데 그는 육체가 우리의 동일성을 확인하기 위하여 단지 처음에만 필요할 뿐이라고 주장하였다. 그 이후에 동일성은 육체의 현존에 의존하지 않으며 '동일성'이 육체에 깃들어 있다는 생각조차도 바람직하지 않다고 보았다.

맥스웰의 악령

특별히 필요한 준비물 : 하나는 더운 공기로, 다른 하나는 찬 공기로 차 있는 두 개의 용기, 그리고 매우 작은 악령

1871년 맥스웰(James Clerk Maxwell)은 열이 높은 온도의 물체에서 낮은 온도의 물체로—이들 사이에 동시에 일어나는 어떤 상호 변화가 없는 경우에는—이동할 수 없다는 생각을 반증하려 하였다. 당시 이런 생각은 열역학 제2법칙[8]의 기초를 형성하고 있었다.

맥스웰은 다음과 같이 상상해 보라고 제안한다. 하나는 더운 공기로, 다른 하나는 찬 공기로 차 있는 두 개의 용기가 있는데 두 용기를 연결하는 관에는 작은 문이 있다. 그리고 이 문 옆에는 매우 작은 악령(a tiny demon)이 앉아있다. 이런 상황에서 만일 작은 악령이 빠르게 운동하는 모든 공기 분자들은 문을 통하여 찬 용기로부터 더운 용기로 이동하게 만들고 동시에 느리

---

8 역자주 열역학 제2법칙은 앞의 언급대로 열이 높은 온도의 물체에서 낮은 온도의 물체로 이동할 수 없다는 법칙인데, '한 물체에서 열을 계속 빼내어 높은 온도의 물체로 옮기는 것 이외의 아무 다른 효과도 남기지 않는 기계란 있을 수 없다', '일정한 온도의 열원에서 열을 빼내어 이것을 전부 일만으로 바꾸는 변환은 불가능하다' 등으로 다양하게 표현된다.

게 운동하는 분자들은 이와는 반대방향으로 이동시킨다면 시간이 흐를수록
찬 용기의 기온은 더욱 낮아지며 더운 용기의 기온은 더욱 높아진다—이 모
두는 어떤 '일'의 작용도 없이 이루어진다. 따라서 이는 열역학 제2법칙에
정면으로 반대되는 경우이다.

하지만 과연 악령은 이런 일을 할 수 있는가?

논 의 할   내 용

실제로 그럴 수 있다. 하지만 맥스웰은 이 예가 열역학 제2법칙이 틀렸거
나 심각한 결점을 포함한다는 사실을 보이기보다는 그 법칙이 단지 통계적
으로만 참일 뿐이라는 점을 드러낸다고 생각하였다. 즉 그 '법칙'은 여전히
세계를 기술하고 있지만 절대적인 필연성이 아니라 단지 매우 높은 확률을
지닐 뿐이라고 주장하였다.

맥스웰과 유사한 방식으로 프랑스의 물리학자인 구이(G. L. Gouy)는 명
백히 불규칙적으로 보이는 입자들의 운동, 예를 들면 타오르는 담배 연기에
서 볼 수 있는 입자들의 운동으로부터 (물리학자들은 이를 '브라운 운동'
〔Brownian motion〕이라고 부르는데) 영구운동장치를 만드는 방법을 서술
하였다.

그런 과정의〔즉 그런 운동의〕원인에 관해서 우리가 어떻게 생각하든 간에 '일'
(work)[9]이 이 입자들에게 작용한다는 점과 우리가 이 일의 일부를 가능하게 만드는

장치를 상상할 수 있다는 점은 매우 명백하다. 예를 들어 이런 단단한 입자들 중의 하나가 축이 한쪽 방향으로만 회전하도록 만들어진 래칫(ratchet) 장치의 바퀴에 자신과 비교했을 때 매우 작은 지름의 실에 의해서 매달려 있다고 상상해보자. 이 입자에 어떤 방향에서 충격이 가해지면 바퀴는 회전하며 따라서 우리는 '일' 을 회복시킬 수 있다.

　이러한 기계장치를 실제로 만들 수 없다는 점은 명백하다. 하지만 이런 장치가 작동하는 것을 막을 이론적 근거 또한 존재하지 않는다. '일' 이 주변을 둘러싼 매질의 열에 의해서 생겨나는지도 모른다 …

- 《브라운 운동에 대한 주석》(Note on Brownian Motion, 1988)

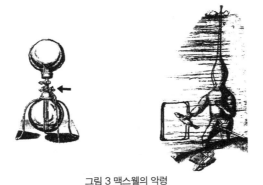

그림 3 맥스웰의 악령

　사실 다른 많은 '법칙' 도 오직 통계적으로만 참이다—예를 들면 경제학의 법칙이 대표적으로 그렇다. 하지만 너무나 많은 사람들이 어떻든 간에 물리학의 법칙은 기하학의 공리만큼이나 순수하고 확실하다고 생각하는 경향을 보인다. 열역학 제1법칙은 확실히 그런 듯하다. 하지만 사실상 이보다

---

9 역자주 여기서 일은 물리적인 일, 즉 물체에 외부의 힘이 작용하여 그 물체를 힘의 방향으로 움직이게 함을 의미한다.

더욱 나쁜 것은 어떤 납득할 수 없는 이유로 열역학의 법칙들이 과학 공동체 외부에는 알려져 있지도 않다는 점이다(저술가인 동시에 과학자인 스노우 〔C. P. Snow〕는 널리 알려진 논문 "두 문화와 과학 혁명"〔The Two Cultures and the Scientific Revolution〕에서 다음과 같이 지적하였다. '인문학자들 은 과학자들이 영국 문학의 주요 작품들을 전혀 읽어본 적이 없다는 이야기 를 듣고 불쌍하다는 듯이 조소를 보내면서 그들을 무지한 전문가라고 부른 다. 이에 대해 분개하면서 나는 자주 인문학자들 중에 몇 사람이나 열역학 제 2법칙을 서술할 수 있는지 물어본 일이 있다. 이에 대한 그들의 반응은 매우 냉담했으며 또한 부정적이기도 했다. 하지만 나는 그들이 과학자에게 요구하는 것과 동일한 수준의 지식을 그들에게 요구하였을 뿐이다 …').

어쨌든 열역학 제 1법칙은 우주 안 에너지의 총량은 일정하며 따라서 발생하는 모든 사건은 어떤 한 유형으로부터 (예를 들면 석탄으로부터) 다른 유형에로의 (열이나 빛에로의) 변형에 불과하다고 말한다. 열역학 제 2법칙은, 비록 맥스웰의 악령이 이를 부정하려는 나쁜 짓을 꾀하고 있지만, 엔트로피(entropy)의 개념, 즉 자연계의 무질서는 외부의 간섭이 없이는 되돌려질 수 없다는 개념을 적나라하게 드러낸다. (우리는 달걀을 바닥에 떨어뜨리면서 그것이 깨어지기를 예상할 수는 있지만 깨어진 달걀을 위로 던져 올리면서 다시 그것이 원래의 상태로 돌아가기를 예상할 수는 없다.) 이 법칙이 무너진다는 것은 결코 작은 문제가 아니다—결과 엔트로피는 '시간의 화살'이 되고, 악령은 '시간의 지배자'가 된다.

그렇다면 악령은 정말로 그런 일을 할 수 있는가? 많은 사람들이 우주적 질서의 의미를 유지하기 위하여 분투하면서 악령이 이런 일을 하지 못하도록 만들기 위하여 노력하였다. 예를 들면 입자의 속도에 대한 정보를 수집하는 활동 자체가 본질적으로 물리적 일이라고 간주함으로써 악령은 아무리

사악한 의도를 지니고 있다 할지라도 여전히 열역학 제 2법칙에 따르고 있다는 주장도 등장하였다. 그러나 나는 악령이 이런 시도들 모두를 비웃으면서 '매우 손쉽게' **직관적으로** 작은 문을 마음대로 여닫을지도 모른다는 상상을 해본다 …

진화론을 둘러싼 난처한 문제

특별히 필요한 준비물 : 생명이 유지될 수 있는 행성

　　다윈(Darwin)은 '우리가 살펴보았듯이 인간의 손에서 매우 강력한 힘을 발휘하는 선택의 원리가 자연에도 적용될 수 있는가?' 라고 묻는다. 목이 긴 기린 등에 대하여 약간의 학문적인 논의를 한 후 그는 계속해서 다음과 같이 말한다.

　　내가 생각하는 자연 선택이 어떻게 작용하는지를 분명히 밝히기 위하여 한두 가지 상상적인 경우를 도입하여 설명하는 것을 허락하기 바란다. 어떤 먹이는 교묘한 기술로, 다른 먹이는 힘으로, 또 다른 어떤 먹이는 빠른 속도로 잡을 수 있어서 다양한 동물을 먹는 늑대의 경우를 생각해보자. 그리고 한해 중 늑대가 먹이를 가장 많이 필요로 하는 시기에 늑대의 먹이 중 가장 빠른 것, 예를 들면 사슴의 수가 어떤 지역에서 발생한 변화 때문에 크게 늘어났거나 다른 먹이들의 수가 크게 줄어들었다고 가정해보자.

이에 대한 다윈의 대답은 단호하다.

> 나는 이런 상황에서 가장 재빠르고 교활한 늑대가 생존을 위한 최선의 기회를 얻
> 게 되리라는 점을 의심할 어떤 근거도 발견할 수 없다. 바로 이렇게 보존과 선택이 이
> 루어진다.　　　　　　　　　　　　－《종의 기원》(*Origin of Species*, 1859)

여기서 나는 살이 찐 늑대를 이유 없이 싫어하는 등의 선입견을 입증하려
하지는 않는다. 하지만 다윈의 이론에서는 문제점이 발견된다. 에든버러 대
학의 젠킨스(Fleeming Jenkins)가 지적하였듯이 위에서 예를 든 재빠르고
교활한 특성이 후세에게 전해진다는 가정에 의심스러운 부분이 있다. 자연
은 개체들 사이의 차이를 더욱 조장하기보다는 오히려 '축소하는' 경향이
있다. 만일 가장 재빠르고 교활한 늑대가 드문 돌연변이에 속한다면 그 늑대
의 특성은, 아무리 유리하다 할지라도, 다른 개체와의 교배가 낳는 피할 수
없는 결과에 따라 사실상 사라지게 된다.

그렇다면 진화론은 이미 죽고 말았는가?

논 의 할　내 용

《종의 기원》의 개정판에서 다윈은 작지만 큰 의미를 지니는 변화를 시도
하였다. 즉 개체의 결과보다 집단의 결과에 강조점을 두게 되었다. 이제 그

는 다음과 같이 말한다.

어떤 상황에서 개체 간의 차이, 예를 들면 주둥이가 휘어진 각도나 길이 등의 차이
는 너무나 미세하므로 이 차이가 꿀벌이나 다른 곤충에게 이익을 주어 어떤 개체들이
다른 개체들보다 먹이를 더욱 빨리 얻을 수 있으며, 따라서 그런 개체들이 속한 공동
체가 번성하고 그와 같은 특성을 물려받은 수많은 무리들을 만들어낸다는 점을 인정
하기란 쉽지 않다.

그렇다면 논쟁은 끝난다. 사고실험은 다윈으로 하여금 자신의 이론을 상
당히 바꾸고 개선하도록 만들었다. 사실 그의 진화론 자체도 살아남기 위해
서는 진화해야만 한다.

F

동굴 안 죄수들이 영원히 잃어버린 형상

특별히 필요한 준비물 : 족쇄, 여러 묶음의 나무, 동굴

《국가》(*Republic*)의 6권에서 플라톤(Plato)은 땅 속 동굴 이야기를 들려준다. 이 동굴은 길게 이어지는데 동굴 입구 쪽에서는 해가 빛난다. 하지만 이 동굴은 그리 멋진 곳은 아니다. 왜냐하면 동굴 안에는 족쇄를 찬 한 무리의 죄수들이 있기 때문이다. 이들의 등 뒤에는 영원히 타오르는 불이 놓여있다. 죄수들은 족쇄에 묶이기 이전 일은 전혀 기억하지 못하며 오직 불빛에 의해서 생긴 그림자가 깜빡거리는 동굴의 안쪽 벽면만을 바라볼 수 있다.

죄수들 바로 뒤쪽, 그들과 불 사이에는 작은 길이 하나 나 있는데 (죄수들은 결코 이 길을 볼 수 없다.) 때로 이 길을 따라 다른 동굴에 사는 사람들이 천천히 걸어 다니기도 한다. 가끔 이들은 나무나 다른 것들로 만든 물체를 들고 다니는데 그러면 그 그림자가 동굴 벽에 비친다—죄수들에게는 이상하고 심지어 기괴한 상으로까지 보인다.

죄수들 중 몇몇이 벽에 비친 그림자를 보고 인식하게 되었다. 그들 자신

의 그림자는 물론 크게 변형된 물체의 모습을 인식하게, 또는 인식하였다고 생각하게 되었다. 죄수들은 그림자에 특별한 이름을 붙였으며 자신들이 그림자를 인식하는 전문가라고 스스로 확신하였다.

한번은 몇몇 죄수들이 족쇄를 풀고 등 뒤에 무엇이 있는지 보려고 하였다. 이들은 그림자가 아닌 실제의 사람들이 작은 길을 따라 왔다 갔다 하는 장면을 보았다. 하지만 처음으로 불을 보자 몹시 눈이 부시고 고통스러워서 이들은 바로 다시 눈을 돌려 어두침침한 이전의 그림자 세계 쪽을 향하였다. 그러나 불빛에 점점 익숙해지면서 이들은 길을 따라 움직이는 것들의 형태를 확인할 수 있었으며 더 이상 동굴의 안쪽 벽면에 비치는 그림자에 관심을 갖지 않게 되었다. 반면에 동굴 안의 다른 동료 죄수들은 여전히 종일토록 그림자를 보면서 떠들고 이야기를 나누고 있었다. 움직이는 것들의 형태를 확인한 죄수들은 이제 그림자가 다른 죄수들을 잘못된 방향으로 이끄는 환영에 불과하다고 생각하였다. 그림자는 심지어 자신들이 직접 관찰해서 밝혀낸 세계를 확인하는 데 방해가 되는 장애물이기도 하다.

하지만 이들이 다른 죄수들에게 벽에 비친 그림자와 관련해서 자신들이 발견한 진실을 이야기하자 다른 모든 죄수들은 이들이 미쳐버렸다고 생각하였다.

다른 동료 죄수들의 족쇄를 푸는 일이 불가능하다면 이들은 어떻게 자신들이 진실을 깨달았다고 확신할 수 있는가?

이 사고실험이 제시하는 바는 대단한 철학적 논쟁거리이다. 이 논의의 배후에는 항상 오류에 빠질 가능성을 지니며, 단지 현실에만 얽매이는 우리의 감각 너머에 순수하고 이상적인 세계가 실재한다는 점을 동료들에게 확신시키려는 플라톤의 의도가 놓여있다. 그 세계는 이데아 또는 관념의 세계, 더욱 일반적인 표현에 따르면 '형상'의 세계이다. 하지만 나는 이 사고실험이 이 세계를 벗어난 어딘가에 더욱 이상적인 형상의 세계가 '존재한다'는 사실을 보여주기보다는 오히려 죄수들이 땅속 동굴 안에 족쇄를 찬 상태로 있기 때문에 잘못 인도되듯이 우리 또한 그렇게 될 수 있으며, 소수의 현명한 사람들이 실재를 더욱 명확하고 올바르게 이해하는 일이 충분히 가능하지만 이들이 자신이 이해한 바를 다른 사람들에게 전달할 수 없는 상황이 발생할지도 모른다는 더욱 일반적인 진리를 보여준다고 생각한다.

가장 유명한 '대화편'인 《국가》의 다른 곳에서 플라톤은 오직 이렇게 계몽된 소수에 의해서만—철인 통치자들에 의해서만—통치되는 전혀 새로운 사회를 상세히 제시하려는 진지한 시도를 한다. 플라톤은 대부분의 사람들이 일상의 삶에서 아름답거나, 차갑거나, 초록색이라거나, 심지어 '의자'라고 말하는 바가 실제로 그것은 아니라고 설명한다. 유일한 진정한 의자는 감각의 세계가 아니라 형상의 세계에 존재하는 이상적인 의자이며, 유일하게 진정으로 아름다운 것은 '아름다움' 자체인데 이들에게는 오직 정신을 통해서만 접근할 수 있다. 플라톤은 계속해서 수많은 아름다운 대상을 볼 수 있는 사람이라 할지라도 절대적인 아름다움을 볼 수는 없으며, 수많은 정의로운 행위를 볼 수 있는 사람이라 할지라도 진정한 정의를 볼 수는 없다고 주장한다. 이런 사람은 진정한 진리가 아니라 단지 여러 의견들을 발견할 뿐이다. 오직 철학자들만이 진정한 진리를 발견할 수 있다. 따라서 플라톤의 사고실험은 사실상 매우 정치적인 내용을 은밀하게 암시한다.

갈릴레오와 중력의
영향을 받는 쇠공

특별한 준비물 : 쇠공, 기울어진 탑

모든 실험들 중에 가장 유명한 것은 동시에 가장 단순하기도 하다. 이는 바로 유명한 천문학자인 갈릴레오(1564~1642)가 피사(Pisa)의 사탑에 올라가 난간에 기대서 크고 무거운 쇠공 하나와 작고 가벼운 쇠공 하나를 동시에 떨어뜨려 어떤 쪽이 먼저 지면에 도달하는지를 관찰한 실험이다.

이 실험을 하면서 갈릴레오는 아리스토텔레스의 법칙 중 하나를 염두에 두고 있는데 아리스토텔레스는 이 법칙을 다음과 같이 표현한다.

> 만일 어떤 물체가 특정한 시간에 특정한 거리를 이동한다면 더 무거운 물체가 같은 거리를 더 짧은 시간에 이동하게 된다. 한 물체와 다른 물체의 무게가 어떤 비례를 이루는가에 따라서 둘의 이동 시간 또한 비례를 이루게 된다. 예를 들어 만일 어떤 물체가 특정한 거리를 이동하는 데 얼마만큼의 시간이 걸린다면 그보다 두 배 무거운 물체는 같은 거리를 이동하는 데 이분의 일만큼의 시간이 걸린다.
>
> - 《천체에 관하여》(De Caelo), 1권, vi, 274a

그렇다면 갈릴레오가 던진 쇠공들 중에 어떤 쪽이 지면에 먼저—그리고 얼마나 빨리—도달했겠는가?

논 의 할   내 용

어느 정도든 아리스토텔레스는 사탑의 계단을 오랫동안 걸어 오르는 수고를 반드시 해야 하는 듯하다. 하지만 갈릴레오는 이 실험을 실제로 수행할 필요가 없었다. 대신에 그는 실험과정을 머릿속에서 생각하였다. 가능성은 오직 세 가지뿐이다. 즉 두 공이 동시에 떨어지거나, 무거운 공이 가벼운 공보다 먼저 떨어지거나 아니면 가벼운 공이 무거운 공보다 먼저 떨어지거나이다.

만일 두 공을 가는 쇠줄로 서로 연결한다면 어떻게 되겠는가?

무거운 물체가 가벼운 물체보다 더 빨리 떨어진다고 가정해보자. 그렇다면 아래의 그림 4처럼 무거운 물체가 먼저 떨어지는데 가벼운 물체가 위에서 무거운 물체를 잡아당기는, 말하자면 낙하산과 비슷한 모습이 된다. 따라서 서로 연결된 두 공은 무거운 공 하나만 떨어질 경우에 비하여 훨씬 느리게 떨어진다.

반면에 두 물체를 한데 묶어서 사탑의 난간 너머로 붙잡고 있으면 이들은 결국 서로의 무게가 합쳐져서 더욱 무거운 하나의 물체처럼 된다. 가벼운 물체를 붙잡고 무거운 물체를 아래쪽에 매달리게 한다면 갈릴레오는 이런 사실을 분명히 느낄 것이다. 갈릴레오가 이들을 놓아버리면 이는 무거운 물체

하나만 떨어질 때보다 훨씬 더 빨리 떨어진다(두 물체가 서로 빈틈없이 단단하게 묶여있는 경우, 예를 들면 하나의 단단한 고리로 연결되어 있는 경우를 상상해보라).

그렇다면 두 물체가 한데 합할 경우 그것은 갈릴레오가 둘을 하나로 묶기 이전에 비하여 더욱 빨리 떨어지는 동시에 더욱 느리게 떨어져야만 한다. 바로 여기서 철학자들이 가장 사랑하는 것, 즉 모순이 발생한다. 이런 모순을 피할 수 있는 유일한 방법은 무거운 물체와 가벼운 물체가 동일한 속도로 떨어진다고 가정하는 것뿐이다.

갈릴레오는 《수학적 논의와 논증》(*Discorsi e Dimonstrazioni Matematiche*, 1628)[10]에서 두 친구 사이의 대화를 통해 이 실험을 다음과 같이 묘사한다.

살비아티 : "만일 두 물체의 자연적인 낙하 속도가 서로 다르다고 간주한다면 둘을 한데 묶을 경우 더욱 빠르게 낙하하는 것은 느리게 낙하하는 것에 의해서 부분적으로 방해를 받아 속도가 느려지며, 동시에 느리게 낙하하는 것은 빠르게 낙하하는 것 때문에 속도가 더 빨라질 것이라네. 자네는 나의 이런 의견에 동의하는가?"

심플리키오 : "자네의 말이 옳다는 점은 의심의 여지가 없네."

살비아티 : "그러나 만일 이것이 사실이라면, 예를 들어 큰 돌은 8의 속도로 낙하하고 작은 돌은 4의 속도로 낙하한다면 이들 둘을 한데 묶어서 떨어뜨릴 때 낙하 속도는 8

---

10 이 저서의 제목은 직역하면 《수학적 논의와 논증》(*Mathematical Dialogues and Demonstrations*)이지만 도버(Dover) 출판사에서 간행된 영역본의 제목은 《두 자연과학에 관한 대화》(*Dialogues Concerning Two Natural Sciences*)이다. (이 저서의 전체 제목은 《두 새로운 과학에 관한 수학적 논의와 논증》(*Discorsi e Dimonstrazioni Matematiche Intorno à Due Nuove Scienze*)이다 ─ 괄호 안은 옮긴이의 첨가) 갈릴레오의 이 실험은 그리 큰 신뢰를 얻지 못하였는데 그 까닭은 다른 많은 '갈릴레오의' 발견과 마찬가지로 다른 사람이 이미 한 실험을 빌려왔으면서도 이런 사실을 밝히지 않았기 때문이다. 이 실험은 드 흐로트(Jan de Groot)가 1586년에 이미 행하였다. 하지만 갈릴레오의 서술 방식이 어떤 오류를 포함하지는 않는다.

보다 작아야 하네. 그러나 한데 묶여진 두 돌은 8의 속도로 낙하하던 큰 돌보다 더욱 무거울 것이네. 따라서 무거운 물체가 가벼운 물체보다 낮은 속도로 낙하한다는 결론에 도달하는데 이는 자네의 전제와 모순을 일으키네. 이제 자네는 무거운 물체가 가벼운 물체보다 빠르게 낙하한다는 가정으로부터 내가 무거운 물체가 더욱 느리게 낙하한다는 점을 추론할 수 있음을 잘 알게 되었을 것이네…

심플리키오, 따라서 우리는 큰 물체와 작은 물체가 비중이 같기만 하면 같은 속도로 낙하한다는 결론을 내려야만 하네."

그림 4 갈릴레오의 쇠공

이는 진정으로 위대한 사고실험 중 하나이다. 물리학자들은 이 실험을 통해서 모든 물체는 질량이나 재질과 상관없이 모두 동일한 가속도로 낙하한다는 원리, 즉 등가의 원리가 확립됨을 알고 있다. 또한 이로부터 직접 아인슈타인의 일반 상대성 이론, 즉 지구가 태양의 주위를 공전할 때 휘어진 시공간을 통해서 '움직인다'고 주장함으로써 중력을 설명하려는 이론이 도출되었다.

하지만 이 실험이 지닌 역사적 중요성에도 불구하고 이것이 제시하는 바에 대하여 모든 철학자들이 일치된 의견을 보이지는 않는다. 예를 들면 '과학적 추론에 있어 사고실험'(Thought Experiments in Scientific Reasoning)이라는 제목의 독창적인 논문에서 철학자 어빈(Andrew Irvine)은 두 공이 사실상 하나로 연결될 수 없다는 점을 들어 갈릴레오의 실험을 비판한다. 왜 그런가? 두 공을 연결한 줄의 매듭이 풀어질 수 있기 때문이다. '이로부터 얻을 수 있는 교훈은 당연히 사고실험들이, 큰 설명력과 다양한 유용성을 지닌다 할지라도, 명백히 틀린 것일 수 있다는 점이다.' 그는 계속해서 다음과 같이 결론짓는다. '사고실험이 아무리 큰 장점을 지닌다 할지라도 **결코** 관찰과 실제의 실험을 대신할 수는 없다.' 과학에도 조예가 깊은 네덜란드의 철학자 앳킨슨(David Atkinson) 또한 자신의 논문 "자연과학에서 실험과 사고실험"(Experiments and Thought Experiments in Natural Science)에서 어빈과 같은 태도를 보이면서 '자유 낙하에 대한 갈릴레오의 새로운 이론은 그 자체로 불합리한 추론에 불과하다'는 결론을 내린다. 즉 갈릴레오의 결론은 전제로부터 도출되지 않으며, 말하자면 지붕이 벽 위에 놓여있지 않다는 것이다 …

철학자에게 이렇게 말한다면 이는 가장 큰 모욕이다. 하지만 앳킨슨은 갈릴레오 자신이 이런 결과를 초래했다고 말한다. 예를 들면 사탑이 물속에 잠겨 있어서 공을 던졌을 때 공기 중이 아니라 물속을 낙하한다는 가능성을 고려하기만 해도 갈릴레오는 틀렸으며 아리스토텔레스가 옳다는 점을 보일 수 있다. '실제로 자주 그런 경우가 있듯이 유동체가 강하게 흐르는 조건에서 최종 속도에 도달한다면 상황은 더욱 복잡해진다'고 그는 분명하게 덧붙인다.

갈릴레오가 이 실험을 공이 액체 중에서 낙하하는 상황이 아니라 '마찰이 없는' 상태에 근접한 조건에서 이루어지는 것으로 계획하였을 수도 있다는 점은 '어쨌든 자명하지 않으면 안 된다'라는 비판에 의해서 일축된다. 이 실험을 통해서 발견된 바는 오직 몇몇 경우에만 경험적으로 (실제로 추적해보면) 참이며 다른 경우에는 경험적으로 거짓이다. 사고실험 자체를 통해서 '플라톤적인 진리의 영역'에의 접근이 허용되는 모든 개념들에 있어 이는 분명히 잘못이다. '갈릴레오는 실제로 실험을 수행하였으며, 수행할 필요가 있었다.' 앳킨슨은 이렇게 당당하게 자신의 논문을 마무리 지으면서 (몇 세기 이전에 있었던 종교재판에서와 마찬가지로) 탁월한 천문학자인 갈릴레오가 철학적 사고를 할 권리조차도 부정한다.

흄의 색조

특별히 필요한 준비물 : 색상표

흄은 우리를 황금의 산으로, 고통이 없고 단지 행복의 정도만 차이가 나는 세계로 인도할 뿐만 아니라 경영학 분야와 관련되는 더욱 전문적인 사고 실험을 제시하기도 한다. 하지만 여기서는 그가 언급한 푸른 색조의 문제에만 집중하기로 하자.

어떤 사람이 수많은 색들을 보았지만 예를 들어 푸른색의 특정한 한 가지 색조는 단 한 번도 보지 못한 경우를 상상해보자. 이제 흄은 다음과 같이 말한다.

… 그 색에서 단 하나의 색조를 제외한 나머지 다른 색조들 전부를 가장 짙은 것부터 가장 옅은 것 순으로 그의 앞에 늘어 놓아보자. 그는 특정한 색조가 빠져 있는 빈자리를 지각할 것이며, 인접한 색들 사이에서 그 자리가 다른 자리에 비하여 간격이 크다는 사실을 감지할 것임이 분명하다.

그렇다면 '빠져 있는 특정한 색조가 감각을 통해 그 사람에게 전달되지 않더라도' 그가 스스로 그 색조의 관념을 '떠올리는' 일이 가능하지 않겠는가?

이 실험은 '푸름'과 같은 '단순 관념'은 반드시 '경험으로부터 얻어진다는' 이론, 바로 흄 자신의 견해를 반영하는 이론을 반박하기 위한 것으로 보인다. 하지만 흄은 이 실험이 너무 '특수하고 오직 하나 뿐이므로' 이를 근거로 탁월한 자신의 이론 전체를 포기할 필요까지는 없다고 주장하면서 이 실험을 무시한다.

하지만 오히려 흄이 눈가리개를 쓰고 잘못 보고 있지는 않은가?

논 의 할 내 용

흄은 사고실험에 대하여 이중적인 감정을 지니고 있는 듯하다. 특히 그는 실현 불가능한 경우를 거부하거나 받아들일 때 몹시 머뭇거리는 모습을 보인다. 예를 들면 '무역의 균형'에 관한 논의에서 그는 한 국가의 재산 중 5분의 4가 하룻밤 사이에 갑자기 사라져버리는 경우를 상상한다. 다른 곳에서는 한 국가의 재산이 하룻밤에 다섯 배나 늘어나는, 더 이상 황당무계할 수 없는 가정을 하기도 한다. 두 경우 모두에 대하여 흄은 제품의 가격이 재산의 총계를 얼마든지 변화시킬 수 있으며, 따라서 자신이 예를 든 재산의 변화는 처음 보았을 때만큼 특별히 흥미롭거나 극적이지는 않다는 근거를 제시한다. 이런 사고실험을 통하여 흄은 진정으로 중요한 것은 가격과 비례하

는 재산의 총계이며, 결과적으로 현명한 정부는 시민과 기업의 복지를 증진하는 데 더 큰 주의를 기울여야 하며 재산의 총계를 '유지'하는 데는 덜 관심을 기울여야 한다는 결론에 이른다. '정부는 국민과 그들이 생산한 제품을 보호하고 보존해야 하는 충분한 이유를 지닌다. 하지만 정부의 재산에 대해서는, 재산이란 결국 세상의 흐름을 따른다고 믿는다면, 크게 걱정하거나 질투할 필요가 없다.'

이와 유사한 태도로 흄은 황금이 완전히 사라진 세계를 상상하기도 한다. 이 경우 다른 어떤 귀금속이 황금의 역할을 대신하며, 적절한 귀금속이 없다면 빛나는 구슬이나 특이하게 생긴 조약돌이 그런 역할을 담당할 것이다.[11]

하지만 여기서는 흄이 《인간 본성에 관한 논고》(*On Human Nature*)[12] 1권에서 '푸른 색조'와 관련하여 언급한 바만을 살펴보려 한다. 그는 자신의 도전적인 주장을 제시하기에 앞서 우선 우리의 모든 관념들은 감각 경험으로부터 비롯된다는 점을 논증하기 위하여 멋진 황금의 산을 예로 들면서 논의를 시작한다.

11　유감스럽게도 흄의 이런 발견은 제대로 인정받지 못했다. 러셀이 지적하였듯이 1차 세계대전이 끝날 무렵 독일은 영국과 프랑스에 엄청난 액수의 배상금을 지불하여야 하며, 이 두 나라는 다시 이 중 대부분을 미국에 건네야 한다는 데 동의하였다. 하지만 이들은 돈이란 제품 구매에 사용되지 않는다면 아무 쓸모가 없다는 사실을 깨닫지 못했다. 러셀은 다음과 같이 말한다. '그들은 배상금을 제품 구매에 사용하지 않기 때문에 그 돈은 어느 누구에게도 아무 쓸모없는 것이 되고 말았다. 당시에는 금을 트란스발(Transvaal - 남아프리카 공화국의 유명한 금광 지역, 옮긴이의 첨가)에서 파내어 미국 은행의 지하금고에 다시 파묻어두면 금이 가치 있게 된다는, 금에 대한 일종의 신비적 덕목이 통용되고 있었다. 채무국은 당연히 더 이상 돈이 없게 되었고 또한 배상금을 상품으로 대신 지불하는 일도 허용되지 않았기 때문에 결국 도산하고 말았다. 이런 측면에서 보면 대공황(the Great Depression)은 금이 신비한 속성을 지닌다는 계속된 믿음의 직접적 결과이다.'

12　**역자주** 이 책의 정확한 제목은 *A Treatise of Human Nature* 이며, 1권의 제목은 'Of the Understanding' 이다. 이 책은 흄이 28세의 젊은 나이에 발표한 것이지만 그의 가장 대표적 저술이며, 이후 저술들은 이 책의 각 부분들을 수정, 보완한 형태로 등장한다. 하지만 젊은 나이에 야심만만하게 출판한 이 책이 별로 주목 받지 못하자 흄은 이 책이 '인쇄기로부터 바로 죽은 채 태어났다'고 말하였다.

황금의 산을 상상할 때 우리는 단지 두 개의 확고한 관념을, 즉 황금의 관념과 산의 관념을 결합하기만 하면 되는데 이 두 관념은 우리가 이미 이전부터 알고 있었던 바이다. 또한 우리는 덕이 있는 말도 상상할 수 있다. 왜냐하면 우리 자신의 지각을 통해 덕을 상상할 수 있고 이를 말의 특징과 형태를 지닌, 우리에게 친근한 동물과 결합할 수 있기 때문이다. 간단히 말하면 사고의 대상이 되는 모든 자료들은 우리의 외적 또는 내적 감관(感官)에서 도출된다. 그리고 이들을 혼합하고 합성하는 일은 오직 정신과 의지의 역할에 속한다. 또한 이를 철학적 언어로 표현하면 우리의 모든 관념 또는 더욱 희미한 지각들은 우리의 인상 또는 더욱 생생한 지각들의 모사라 할 수 있다.

… 처음 언뜻 보기에는 감관이라는 근원으로부터 가장 멀리 떨어져 있는 듯한 관념들도 더욱 정밀하게 조사해보면 결국 감관으로부터 도출된다는 사실이 드러난다. 무한한 지성과 지혜를 지니며 무한히 선한 존재로 여겨지는 신의 관념도 우리 정신의 작용을 반성하고, 선이나 지혜와 같은 속성들을 무제한 확장함으로써 생겨난다. 우리는 이런 탐구를 스스로 만족할 때까지 계속 진행할 수도 있다. 그렇게 하더라도 우리가 검토하는 모든 관념들이 유사한 인상으로부터 모사된다는 사실을 항상 발견할 뿐이다. 이런 입장이 보편적으로 또는 예외 없이 참은 아니라고 주장하려는 사람들은 오직 한 가지 방법만을 선택할 수 있는데, 그것은 손쉬운 일로서 자신들의 의견에 따라 감관이라는 근원으로부터 도출되지 않는 관념이 존재함을 보이기만 하면 된다. 그들이 그렇게 함에도 불구하고 우리가 여전히 우리 자신의 주장을 유지하려 한다면 관념에 대응하는 인상 또는 생생한 지각을 보이는 일이 우리의 의무가 된다.

여기서 흄은 잠시 멈추어 다소 의심스러운 일반화를 시도하여 자신의 전체적 관점을 다시 한 번 언급한다.

만일 어떤 사람이 감각기관이 손상되어 어떤 종류의 감각도 받아들일 수 없다면 우리는 그가 감각에 대응하는 관념들도 마찬가지로 형성할 수 없음을 항상 발견한다. 맹인은 어떤 색의 관념도 형성할 수 없으며, 귀가 먹은 사람은 어떤 소리의 관념도 형성할 수 없다. 이제 새로운 보조기구를 달아 이들의 손상된 감각능력을 회복시킨다면 우리는 그들에게 관념의 형성을 위한 보조기구도 제공한 셈이 되며 그들은 여러 대상들을 상상하는 데 어떤 어려움도 없게 된다.

어떤 측면에서 이는 '포도주 맛에 대한 어떤 관념도 갖고 있지 않은 라플란드(Lapland, 유럽 최북단의 북극권 지역—옮긴이의 첨가) 사람이나 아프리카 흑인'에 관한 예나 '뿌리 깊은 원한이나 잔혹함에 대한 어떤 관념도 형성할 수 없는, 온화한 성품을 지닌 사람'에 관한 점잖은 예를 비롯하여 '우정의 고상함과 관대함 등을 쉽사리 상상할 줄 모르는 이기적인 인물'의 예를 무시하는 일이다. 하지만 이제 흄은 앞서 자신이 지적했던 도전적인 예를 다시 검토한다.

하지만 자신과 대응하는 인상과 전혀 무관하게 관념을 일으키는 일이 절대로 불가능하지만은 않다는 점을 증명해줄지도 모를 모순적인 현상이 하나 있다. 유사하지만 실제로는 서로 다른 색들의 여러 독립적 관념들이 눈을 통하여 들어오거나 또는 그런 소리의 관념들이 귀를 통하여 전달된다는 점은 이미 분명한 사실로 받아들여진다고 생각된다. 이 점이 서로 다른 색들의 경우에 대해서도 참이라면, 이는 동일한 색의 서로 다른 색조에 대해서도 마찬가지로 참이어야만 한다. 따라서 각각의 색조는 나머지 색조들과 무관하게 서로 다른 관념을 형성한다 …

이제 30년 동안 건강한 시력을 유지했으며, 자신이 접할 기회를 전혀 없었던 색조, 예를 들면 푸른색의 특정한 한 가지 색조를 제외하고는 모든 종류의 색들을 충분히 잘 알고 있는 어떤 사람을 가정해보자. 이제 푸른색 중에 그가 접하지 못한 한 가지 색조를 제외한 나머지 색조들 전부를 가장 짙은 것부터 가장 옅은 것 순으로 그의 앞에 늘어 놓아보자. 그러면 그는 당연히 특정한 색조가 빠져 있는 빈자리를 지각하며, 인접한 색들 사이에서 그 자리가 다른 자리에 비하여 간격이 크다는 사실을 감지할 것임이 분명하다. 이제 다음과 같이 물어보자. 그 특정한 색조가 감각을 통해서 그에게 전달된 일이 결코 없음에도 불구하고 과연 그는 빠져 있는 색조를 자신의 상상력으로 보충하여 스스로 그 색조의 관념을 떠올릴 수 있는가?

그가 그 색조의 관념을 떠올릴 수 없다는 의견을 제시할 사람은 거의 없으리라고 나는 믿는다. 따라서 이는 단순 관념이 항상 그에 대응하는 인상으로부터 도출되지는 않는다는 데 대한 증명이 될지도 모른다. 비록 이런 사례가 단지 하나뿐이므로 이를 세심하게 관찰할 만한 가치가 거의 없고 또한 오직 이 때문에 우리의 일반적 원칙을 변경할 필요까지는 없다 할지라도.

이 사고실험은 자주 논의되었지만 사실 별로 설득력이 없는 것이기도 하다(앞서 언급한, 경제와 관련된 사고실험이 오히려 더욱 강력한 설득력을 지닌다). 여기서 우리는 (성급하게) 각각의 색이 고유한 개념이라는 점을 받아들이는 듯하다. ─그렇다면 각각의 색조가 고유한 개념이라고 생각해서는 안 되는가? 또한 어떤 색의 '모든' 색조라는 말은 무슨 의미를 지니는가? 설령 이런 사소한 개념을 허용한다 할지라도 어떤 색의 색조가 황금의 산이나 덕이 있는 말과[13] 정확하게 동일한 방식으로 조합된다고 생각해서는 안 되는가? 또한 흄 자신이 말하듯이 각각의 색조가 나머지 다른 색조들과는 무관하게 서로 구별되는 관념을 낳는다고 생각할 수는 없는가?

---

13 역자주 원문에는 '황금의 말과 덕이 있는 산'으로 표현되어 있지만 이는 분명한 잘못이므로 옮긴이가 바로 잡았다.

하지만 스스로 제시한 사고실험 결과에 대하여 흄 자신은 오히려 솔직하게 회의적인 태도를 보인다. 자신이 주의 깊게 구성한 이론을 포기하는 대신에 그는 사고실험의 결과를 하찮은 사례 중의 하나로 보고 마무리 지으면서 이런 경우를 그저 무시하는 쪽을 택한다. 하지만 이런 태도는 후에 쿤 (Thomas Kuhn)이 좋은 과학자가 행해야 할 바라고 충고한 내용에 정면으로 반대된다. 20세기에 이르러 쿤은 세계에 대한 과학적 이해는 불규칙하게 진행된다고 주장하였다. 즉 여러 이론들이 서로 다투다가 어떤 이론이 마침내 극복할 수 없는 모순에 직면하면 사라지게 된다. 그는 또한 지속적인 탐구와 발명의 결과로 천천히 신중하게 구성되며 각각의 지식이 나머지 전부와 잘 조화를 이루는 우리의 물리적인 세계관과는 전혀 달리 전체적인 세계관은 어떤 한 상태에서 다른 상태로 갑자기 변화한다고─또는 그가 《과학혁명의 구조》(*The Structure of Scientific Revolution*)에서 표현하였듯이─ '패러다임의 전환' 을 겪는다고 말한다.

실제로 쿤은 여러 사고실험들이 이러한 자신의 접근 방식과 매우 잘 맞아 떨어진다고, 특히 훌륭한 사고실험을 통해서는─우리의 가정을 재검토함으로써─ '패러다임의 전환' 을 정확히 경험할 수 있다고 본다. 어쩌면 그의 이런 주장은 (흄과는 달리) 우리에게 완전히 새로운 접근 방식을 채택하도록 강요하는 듯도 하다.

서로 구별될 수 없는 것들의 동일성

특별히 필요한 준비물 : 분칠한 가발, 거울

누군가가 익살스럽게 표현하였듯이 '분칠한 가발을 쓴 우아한 인물' 이었던 라이프니츠(Gottfried Leibniz)는 삶 대부분을 깊은 철학적 사색과 더불어 보냈으며, 오직 학문적인 서신을 통해서만 자신의 모습을 세상에 드러내었는데 그와 서신을 주고받은 철학자와 과학자는 수백 명에 이른다. 그럼에도 불구하고 그가 17세기 지성계에 미친 영향은 거대하였으며, 미분법을 누가 처음 발견하였는가를 놓고 그와 논쟁을 벌였던 뉴턴조차도 그의 이러한 영향력을 상당히 부러워하였다.

뉴턴의 비서였던 클라크(Samuel Clarke)와 서신을 교환하면서 라이프니츠는 서로 구별될 수 없는 것들에 관한 자신의 견해를 제시하였다. 이 때 서로 구별될 수 없는 것들은 물론 매우 작은 것이다. 하지만 이는 상당한 의미를 함축하는 주제이다─자신의 양동이 안에서 절대공간을 발견하였다는(열네 번째 실험 참조) 뉴턴의 굳은 믿음뿐만이 아니라 강력한 새로운 수학, 즉 미분법을 발견하는 데 둘 중에 누가 더 크게 기여하였는가라는 질문과도 관련된다. 이런 골치 아픈 질문들이 클라크와의 서신 교환을 통하여 다루어졌다. 이제 라이프니츠가 클라크에게 보낸 네 번째 편지에서 위의 문제를 제시하는 부분을 살펴보기로 하자.

서로 구별될 수 없는 두 개의 개체 따위는 결코 존재하지 않습니다. 내가 아는 어떤 지적인 귀족 한 분이 헤렌하우젠(Herrenhausen)의 궁전 정원에서 선제후 왕비 소피아(Princess Sophia) 전하가 지켜보는 가운데 [귀족 출신이 아닌 뉴턴은 이런 광경을 보고 이를 갈았으리라] 이 문제에 대하여 나와 대화를 나누었습니다. 그는 완벽하게 동일한 두 개의 나뭇잎을 발견할 수 있으리라고 생각하였습니다. 왕비께서는 그에게 그런 나뭇잎을 찾아보라고 말씀하셨습니다. 그는 그런 나뭇잎을 찾기 위하여 꽤 오랫동안 정원을 샅샅이 뒤졌지만 아무 소용이 없었습니다. 두 물방울이나 우유방울도 현미경을 사용하면 서로 다르게 보입니다. 이것이 바로 내가 원자에 반대하는 논거입니다. 원자의 존재는, 진공과 마찬가지로, 진정한 형이상학의 원리에 의해서 논박됩니다 …

서로 구별될 수 없는 두 사물이 존재한다고 가정한다면 [뉴턴의 영향을 받은 클라크 씨가 바로 그렇게 하듯이] 이는 곧 동일한 하나의 사물이 두 이름으로 불린다고 가정하는 것입니다. 따라서 이는 이 우주가 실제로 위치하는 것과는 전혀 다른 시간, 공간상에 처음부터 위치할 수도 있었다고 가정하는 것이며 그러면서도 우주 안의 모든 부분들이 현재 그들 사이에 실제로 유지되는 상황을 전혀 다른 시간, 공간상의 우주에서 그대로 유지한다고 가정하는 것입니다. 이런 가정은 불가능한 허구에 불과하다고 나는 생각합니다 … [사실상] 모든 텅 빈 공간은 단지 상상의 산물일 뿐입니다 … 만일 어떤 공간이 텅 비어 있다면 그 공간은 주어가 없는 속성이며, 연장성을 지닌 어떤 존재도 없는 연장성입니다 … 만일 공간이 절대적인 실재라면 … 그것은 실체들 자체보다도 더욱 큰 실재성을 지닙니다.[14] 신조차도 공간을 파괴할 수 없고, 어떤 측면에서의 변화도 일으킬 수 없습니다. 그런 공간은 거대한 전체일 뿐만 아니라 그것의 모든 부분까지도 영원불변할 것입니다. 그렇다면 이는 신 이외에도 무한히 많은 수의 영원한 존재들이 있다는 말이 됩니다…

이러한 라이프니츠의 언급은 터무니없는 듯이 들린다. '모든 부분들이' 서로 지금과 같은 관계를 유지하면서도 그 우주가 움직여서 '지금과는 다른 시간, 공간상에 위치한다는' 상상이 왜 잘못인가?

진정으로 (가엾은 클라크는 당시에 이런 생각을 떠올릴 수 없었다 할지라도) '거울에 비추어진 우주'는, 단지 이 거울을 뒤집어 놓기만 해도, 이러한 구별될 수 없는 특성들을 지니면서도 크게 달라질 수—충분히 구별될 수—있지 않은가?

논 의 할 내 용

라이프니츠는 만일 우리가 동일한 모습과 동일한 기억, 개성 등을 지닌 두 개인을 만난다면 그들을 구별할 수 없을 뿐만 아니라 (정말 똑같이 생긴 쌍둥이를 만난 경우처럼)—서로 구별될 수 없는 것은 동일하다는 자신의 원리에 따라—그들은 사실상 동일한 개인이거나 '존재'라고 생각하는 듯하다. 그는 이런 입장을 피할 수 없는데 그 까닭은 그가 이미 공간상의 구별은 환

---

14 이에 대한 칸트의 생각은 열한 번째의 사고실험 참조.

상에 불과하며 따라서 사물들을 서로 구별하는 데 사용될 수 없다고 규정하였기 때문이다. 이는 이상하게 들릴지 모르지만 우리도 가끔은 시간 및 공간과 관련해서 이런 접근 방식을 받아들이기도 한다. 예를 들면 어제 정원에 있었던 이 꽃이 설령 오늘은 실내의 꽃병에 꽂혀있다 할지라도 여전히 같은 꽃이라고 말한다.

후에 비트겐슈타인 또한 모든 사람들이 정확하게 똑같이 보이는 세계를 상상해보라고 말하였다. 그렇다면 그 세계는 동일한 사람들 사이에 어떤 특성들이 옮겨진 듯 보이게 된다. '이런 상황에서는 각자에게 이름을 부여할 수 있다 할지라도 우리는, 식당에 있는 의자에 이름을 부여하지 않듯이, 아마 거의 그렇게 하지 않을 듯하다. 그 대신에 일련의 특성들에 이름을 부여하는 편이 오히려 편리할 것이다 …'

현대의 양자역학에서 소립자들은 모두 동일한 특성을 공유한다고 여겨지며 따라서 이들을 서로 구별할 수 있는 유일한 방법은 공간적 위치뿐이다— 하지만 아직 소립자의 공간적 위치는 추측과 어림짐작의 대상이다. 이런 이유로 양자역학은, 라이프니츠와 마찬가지로, 만일 두 사물이 원리상 구별될 수 없다면 그들은 동일한 것이라고 말한다(예를 들어 만일 어떤 소립자가 존재하다가 존재하지 않기를 반복한다면 이는 한 소립자가 사라지고 그와 동일한 다른 소립자로 '대체되는' 것이 아니라 하나의 동일한 소립자가 존재하는 것으로 본다). 정신-변환 / 육체-교환 장치 모두에 있어 '장소'는 그리 중요하지 않다. 우리는 어떤 사람이 순간적으로 다른 장소로 이동하여 나타날 가능성과 (물론 상상적인 경우이기는 하지만) 그럴 경우 과연 그 사람이 '동일한 사람'인지에 대하여 논의하지 않는다. 설령 변환 또는 교환 전과 후의 둘이 서로 다른 원자들로 구성되거나 또는 '그들'이 지닌 어떤 큰 부분이 변화하였다 할지라도—앞에서 살펴본 단정하지 못한 깁 교수와 세련된

스티브의 경우처럼—장소가 문제되지는 않는다.

《우파니샤드》(*Upanishad*)에 등장하는, 우리가 이전의 기억과 존재를 모두 잊고 변화된 장소에서 이전과는 다른 육체와 정신을 지니고 새로이 깨어날 수 있다는 생각을 근거로 베단타(Vedānta) 학파는 진정 독립적으로 현존하는 것은 오직 자아(Atman)뿐이며 물리적 대상들은 환상에 불과하다는 결론을 내렸다. 철두철미한 유물론자에게는 이런 주장이 불가능한 것으로 들리겠지만, 어떤 의미에서 우리는 매일 아침 이전과는 다른 육체와 정신을 지니고 다른 기억과 (점점 더 몽롱해지는) 더불어 깨어나는지도 모른다. 따라서 불교는 아무 것도, 즉 정신이나 물체도, 공간과 시간 자체도 진정으로 존재하지 않는다는 철두철미한 경험론을 채택한다. 불교의 입장에서 보면 오직 '찰나'의 개념만이 남을 뿐이다.

이와는 대조적으로 뉴턴과 클라크는 물체와 시간뿐만이 아니라 공간까지도 '실재하는' 것으로 만들려고 한다('절대공간'이 없이는 그들의 역학 이론은 무너지고 만다). 설령 뉴턴 자신이 평생에 걸쳐 모든 요소를 하나로 통합하려는 고대 연금술사들의 저술을 탐구하였다 할지라도—점점 더 기계론적으로 되어가는 세계에서 시대착오적인 것일지도 모르지만—오직 정신만은 남게 되는 듯하다. 라이프니츠는 물체와 시간이 존재한다는 점은 받아들이지만 '공간'의 존재는 확신하지 않는다. 그 대신에 그는 모든 것을 신의 정신과 연결시킨다.

클라크에게 보낸 다섯 번째 서신에서 라이프니츠는 다음과 같이 말한다.

> 결론을 말씀드리겠습니다. 만일 (당신께서 공상적으로 생각하는) 어떤 물체도 없는 공간이 완전히 텅 비어 있지 않다면 도대체 그 공간은 무엇으로 차 있다는 말입니까? 그곳이 스스로 연장되기도 하고 수축되기도 하는, 연장성을 지닌 정신이나 아니면

물질적 실체로 차 있습니까? 이들이 마치 벽면에 비친 두 물체의 그림자가 서로 겹치듯이 아무런 저항도 받지 않고 서로 스며들어 그곳을 채운다는 말입니까? … 아니 몇몇 사람들은 인간이 최초의 죄가 없는 상태에서는 [말하자면 …] 서로 스며들 수 있는 능력을 부여받았지만 타락과 더불어 단단하고 불투명해져 스며들 수 없게 되었다는 공상을 하기도 합니다. 이는 신을 부분을 지닌 존재로, 정신을 연장성을 지닌 존재로 만들어 우리가 가지고 있는 존재의 개념을 완전히 뒤엎어 버리는 것이 아닙니까? 오직 충족이유가 필요하다는 원리만이 상상력이 만들어낸 이런 망상 모두를 제거할 것입니다. 이런 중요한 원리를 올바르게 사용하지 못할 때 사람들은 쉽사리 허구에 빠지게 됩니다 …

나는 물체와 공간이 하나의 동일한 것이라고 말하려 하지 않습니다. 나는 오직 물체가 없는 곳에는 공간도 존재하지 않으며, 공간 그 자체는 절대적인 실재가 아니라고 말할 뿐입니다. 시간과 운동이 서로 다르듯이 공간과 물체도 서로 다릅니다. 하지만 이 둘은, 아무리 서로 다르다 할지라도, 결코 서로 분리될 수는 없습니다.

푸앵카레와 또 다른 기하학

특별히 필요한 준비물 : 매우 높이까지 늘어날 수 있는 사다리

　　오직 기체로만 만들어진 행성을 상상해보자. 이 행성의 중심부는 온도가 매우 높은데, 기체로 이루어진 사람들 모두가 이곳에서 진화하였고 통상 이곳에서 살고 있다. 반면에 이 행성의 표면은 온도가 매우 낮다. 사실 푸앵카레는 표면의 온도가 절대온도 0이라고 말한다(이것이 지니는 중요성은 잠시 후 명백히 밝혀진다).

　　기체로 이루어진 사람들이—이제부터 그들을 '기하학자'라고 부르기로 하자—행성의 여기저기로 움직일 때마다 매우 작지만 미묘한 변화가 일어난다. 온도의 변화 때문에 그들은 중심에서 멀어질수록 작아진다. 그들뿐만이 아니라 기체로 이루어진 행성에 존재하는 모든 피조물과 인공물들 또한 작아진다. 여기서 가장 중요한 점은 모든 것이 정확하게 동일한 비율로 변화하며 따라서 어떤 것도 이런 상태로부터 벗어날 수 없다는 사실이다.

　　한번은 기하학자들이 자신들이 사는 행성의 상층부를 탐험하기로 결정하였다. 그들은 구름을 뚫고 멀리 아득한 곳까지 이르며, 수직으로 세워지는 거대한 사다리를 만들었다. 기하학자 중 한 사람이 사다리를 타고 올라갔는데 그의 임무는 자신들이 사는 기체 행성이 어디까지 퍼져있는 지를 알아내는 것이었다. 이는 모든 사람들을 흥분시켰지만 며칠 후 기하학자가 돌아와서 사다리의 길이가 충분하지 않고 크게 모자란다고 말하자 흥분은 가라앉고 말았다.

그림 5 푸앵카레의 사다리

몇 해에 걸쳐 사다리의 부분들이 더해지고 사다리는 점점 길어졌지만 이는 아무 소용이 없는 듯이 보였다. 올라갔다가 내려올 때마다 기하학자는 여전히 사다리가 충분히 길지 않다고 말할 뿐이었다.

사실 기하학자들이 사다리를 타고 올라가면 올라갈수록 기하학자와 사다리 자체 모두가 점점 작아지며, 너무나 작아져서 그들이 행성의 표면 외부에 이르는 일은 물리적으로 불가능하다(절대온도 0에서는 그들과 사다리 모두 완전히 작아져서 무가 되고 만다). 또한 그들이 올라가면 올라갈수록 온도는 더욱 내려가고 동시에 그들도 더욱 작아진다. 사다리의 발판과 그들의 자 등이─모든 것이─점차 함께 작아지므로 그들은 계속 작아지고 있다는 사실을 결코 깨달을 수 없다. 마침내 기하학자들은 행성이 무한히 크다는 결론을 내렸다. 하지만 사실은 그렇지 않다.

여기서 제기되는 문제는 누구의 측정이 '참인가' 이다.

논 의 할 내 용

푸앵카레는 위의 이야기를 다음과 같이 이어나간다.

이 행성에서 운동하는 물체는 표면에 접근하면 할수록 점점 더 작아진다. 우선 현재 우리와 같은 세계에 사는 기하학자들의 관점에서는 이 세계가 유한하지만 그 행성에 사는 사람들에게는 세계가 무한하게 보인다는 점부터 살펴보기로 하자.

여기서 푸앵카레의 논점은 단순 명료하다. 이 이야기는 우리가 일상적으로 경험하는 자연세계와는 다른 곳을 배경으로 하지만 여기서 아무 것도 논리학의 규칙에 위배되지 않는다. 이는 또한 사실상 우주의 법칙이라 할 수 있는 기하학이 확실한 진리라는 가정도 얼마든지 회의의 대상이 됨을 보여주는 듯하다. 기체로 이루어진 사람들은 자신들의 행성이 무한하다고 말하는데 그 까닭은 그들이 결코 행성 밖으로 벗어날 수 없기 때문이다. 그들에게 있어 이는 분명한 사실이다. 하지만 우주 공간을 여행하는 사람의 관점에서 보면 그들은 환상 속에 살고 있다.

고대 그리스 기하학자들은 자신들의 학문이 영원한 진리이며 그 진리는 확실하다는 유산을 남겼다. 하지만 과연 삼각형 내각의 합은 180도인가? 두 평행선이 절대 서로 만나지 않는다는 점은 확실한가? 오직 '평면' 상의 공간을 가정할 때만 그렇다.

위의 행성에 사는 사람들과 기하학자들 모두에 대한 푸앵카레의 대답은 동일하다. 어떤 측정 기준도 '참'이라고 말할 수 없다─이들 모두는 단지 규약의 문제일 뿐이다.

《순수이성비판》과
칸트식의 사고실험

특별히 필요한 준비물 : 진한 맥주와
칸트의 저술 중 몇 권

《순수이성비판》(*Kritik der reinen Vernunft*)에서 칸트는 세계에 대하여 생각하는 새로운 방식을 제시하는데 그는 이를 사변이성을 통한 인식이라고 부른다. 사변이성은 우리의 지식을 확장하기 위한 공간을 만들 수 있는데 이 공간은 후에 실천이성이 구체적으로 작용하여 이를 채우기까지는 텅 빈 채로 남아있어야 한다. 사변이성은 사고실험과 마찬가지로 다음과 같은 일들을 할 수 있다.

● 대상들에 대하여 생각하는 서로 다른 여러가지 방식 중 하나를 선택하는 우리 자신의 능력을 탐구할 수 있으며,

● 문제 자체를 형성할 수 있는 다양한 방식들의 완전한 목록을 제공할 수 있다.

하지만 실험과학이나 논리학의 규칙들 중 어떤 것도 이런 일을 할 수 없

다. 칸트는 그 까닭을 《순수이성비판》의 머리말에서 다음과 같이 표현한다.

이성은 선생이 원하는 것이면 무엇이든 그대로 따라 하기만 하는 학생이 아니라 증인에게 자신의 질문에 답하도록 강요하는 권위 있는 재판관처럼 자연을 배워야 한다.

사실 칸트는 자신의 보잘것없는 책이 일종의 '사고실험'으로 여겨질 수 있으리라고 직접 말한다. 이제 《순수이성비판》의 중간쯤에 등장하는 칸트의 사고실험 중의 하나를 (간략히) 살펴보기로 하자. 이는 그의 유명한 네 가지 이율배반 중에 하나이다. 이율배반들은 공간 및 시간과 직접 관련되지만 (그의 다른 위대한 저술들과 마찬가지로) 현실적인 문제를 해명하기보다는 오히려 사고 자체의 본성을 다룬다.

두 번째 이율배반에서 칸트는 우주가 원자와 같은 매우 작은 조각들로 이루어져 있는가 아니면 사실은 무수히 많은 서로 다른 실체와 실재들이 존재할 뿐인가라는 문제를 탐구한다. 한편으로 그는 만일 벽돌과 같은 단순한 조각이 존재하지 않는다면 복합적인 구조물 또한 존재할 수 없으리라고 추론한다. 그리고 벽돌과 복합적 구조물 모두가 존재하지 않는다면 … 아무 것도 존재할 수 없다. 하지만 분명히 존재하는 것이 있다! 따라서 … 어떤 단순한, 원자와 같은 실체가 틀림없이 존재하는 듯하다.

다른 한편으로 그런 벽돌과 같은 조각은 어떤 공간을 차지해야만 한다. 사실상 어떤 의미에서 외부로부터 관찰될 수 있는 모든 것은 칸트가 '복합의 속성'이라고 부른 요소를 지닌다. 하지만 이 경우 공간 또한 더욱 작은 부분으로 분할될 수 있는가? 분명히 그렇지 않다. 공간은 작은 조각 또는 부분들로 구성되지 않고 그저 공간으로 존재할 뿐이다. 이는 다음과 같은 경우에 해당한다.

절대적으로 단순한 것은 단지 관념에 지나지 않으며 그것의 객관적인 실재성은 가능한 어떤 경험을 통해서도 논증될 수 없다 … 왜냐하면 절대적으로 단순한 대상은 결코 경험적으로 주어질 수 없으며, 감각의 세계는 가능한 모든 경험의 총합으로 간주되어야만 하기 때문이다. 따라서 어떤 단순한 것도 세계 안에 존재하지 않는다.

이는 분명히 또 다른 종류의 사고실험이다.

이 문제를 칸트의 표현대로 제시하면 다음과 같다.

'어디에라도, 어쩌면 나 자신의 사고하는 자아 안에라도, 분할될 수 없으며 파괴될 수 없는 단일체가 존재하는가—아니면 단지 분할될 수 있고 파괴될 수 있는 것만이 존재하는가?'

논 의 할   내 용

철학자들은 칸트가 제시한 네 가지 이율배반의 명료함과 '우아함'을 칭찬하며 또한 이들이《순수이성비판》의 나머지 부분과 관련해서 이해되어야 한다는 점도 높이 평가한다.

칸트는 어느 누구로든, 어떤 방식으로든 후원을 받지 않고도 봉급으로 생활하면서 여러 철학적 문제들에 대한 학술적인 설명을 계속 저술로 출판할 수 있었던 새로운 세대의 전문 철학자들 중 한 사람이었다(하지만 공정하게 말하자면 그 이전 철학자들이 매우 열악한 상황에서 연구를 했던 것은 아니다). 오랫동안 탁월한 저술들을 계속 출판하면서 그는 경험과 무관한 것(a priori)과 경험에 의존하는 것(a posteriori) 사이의 차이점과 더불어 종합적인 것과 분석적인 것 사이의 관계를 깊이 탐구하였다. 심지어 그는 이러한 탐구를 경험과 무관한 종합적인 것과(예를 들면 기하학의 공리와 같은) 경험과 무관한 분석적인 것 사이의 구별, 어쩌면 그 자신이 결코 존재할 수 없다고 생각한 듯이 보이는 경험에 의존하는 분석적인 것과의 구별과도 결합한다. 이러한 모든 탐구는 매일 그가 밖에서 점심을 먹고 저녁에는 지적인 친구들을 초대하여 당시 유행한 '카드놀이'를 즐기는 시간 사이에 이루어졌다. 그는 이 시간을 이용하여 선험적 감성론과 자유라는 우주론적 이념, 우주진화론의 개념—또한 잊어서는 안 될 유명한 정언명령까지도—창조하였다.

하지만 칸트의 위대한 저술들을 맨 처음 영어로 번역하였던 가엾은 번역자는 유감스럽게도 다음과 같은 특별한 변명을 서문에 적었다.﹥**15**

그는[칸트는] 표현기법을 단 한 번도 연구해본 일이 없었다. 그는 자주 같은 내용을 반복하여 독자들을 지치게 하며, 적은 단어로 훨씬 더 분명하고 확실하게 표현될 수 있었던 바를 가장 어색한 방식으로 엄청나게 많은 단어들을 사용하여 표현한다.

---

15 역자주 지은이는 《순수이성비판》을 맨 처음 영어로 번역한 사람을 마이클존(J. M. D. Meiklejohn)으로 생각하고 있으며 아래의 인용문도 그가 번역한 책의 서문에 등장한다. 하지만 마이클존의 번역이 1855년에 처음 출판된 반면 그보다 앞선 1848년 헤이우드(Francis Haywood)가 이미 《순수이성비판》의 영어 번역을 출판하였으므로 최초의 번역자는 헤이우드이다. 헤이우드의 번역은 그리 알려지지 않은 반면 마이클존의 번역은 그 후 계속 여러 출판사에서 간행되어 널리 읽혔으므로 이런 오해가 생긴 듯하다. 이런 서지 사항에 대해서는 *Critique of Pure Reason*, tr. and ed. P. Guyer, A. W. Wood (Cambridge: Cambridge Uni. Press, 1997), 77면 참조. 아래의 인용문은, 옮긴이가 직접 확인한 판을 기준으로 밝히면, *Critique of Pure Reason*, tr. J. M. D. Meiklejohn, introduction by A. D. Lindsay (London: J. M. Dent, 1934), xxiii면에 등장한다.

그의 표현이 아무리 어색하다 할지라도 그보다는 그의 사고 자체가 훨씬 더 유명하다. 사고실험은—상상력의 산물이며 심지어 현실성이 결여되기도 하지만 (쉽게 이해할 수는 없지만 칸트는 이를 어떤 참된 경험과도 무관한 공허한 직관 또는 '현실에서는' 존재하지 않는 무언가에 대한 상상으로 분류하기도 하는데)—그 중 큰 부분을 차지한다.

앞에서 언급한 번역자가 '미로'라고 불렀던 바의 중심에 바로 '네 가지 이율배반'이 놓여있는데 이들은 (제논Zeno의 역설과 마찬가지로) '이성'의 한계를 보이기 위하여 고안되었다. 칸트는 이율배반을 다음과 같이 분명하게 소개한다.

> 서로 모순되는 듯한 이런 주장들은 본성적이고 피할 수 없는 이성의 네 가지 문제를 해결하려고 하는 다양한 시도이다. 여기서 문제의 수는 넷보다 많지도 적지도 않다. 왜냐하면 경험적 종합을 경험과 무관하게 한정하는 종합적 전제들의 계열이 넷 이상 존재하지 않기 때문이다.

칸트는 계속 다음과 같이 말한다.

> 세계가 어떤 출발점을 갖는가 그렇지 않은가, 공간 안에 퍼져있는 세계가 어떤 한계를 지니는가 그렇지 않은가 또한 어디에라도, 어쩌면 나 자신의 사고하는 자아 안에라도, 분할될 수 없으며 파괴될 수 없는 단일체가 존재하는가—아니면 단지 분할될 수 있고 파괴될 수 있는 것만이 존재하는가[이는 우리가 앞에서 **던졌던 질문이기도 하다**]. 나는 자유로운 행위자인가 아니면 다른 존재들과 마찬가지로 자연과 운명의 연쇄에 묶여있는가, 마지막으로 이 세계에 최고의 원인이 있는가 아니면 자연과 외부적 대상의 질서와 더불어 우리의 사고와 고찰을 끝마쳐야만 하는가—이런 물음들은 수학자가

자신의 학문 전체와 기꺼이 맞바꾸어서라도 답하려고 하는 바이다. 왜냐하면 수학이라는 학문은 인류의 가장 높고 중요한 목적을 추구함에 있어서는 결코 만족을 모르기 때문이다. 하지만—인간 이성의 긍지이기도 한—수학의 진정한 가치는 다음과 같은 것들로 구성된다고 감히 말할 수 있다. 즉 크게 표현된 자연과 작게 표현된 자연의〔세계와 인간의〕 아름다운 질서와 규칙성을 깨달아 자연을 인식하도록 이성을 인도하고, 더 나아가 자연을 움직이는 힘의 놀랄만한 통일성을 통찰하도록 한다. 그런데 이런 통찰은 단지 경험에 기초하여 세워진 철학에서는 결코 기대될 수 없다. 따라서 수학은 모든 경험을 넘어서까지 이성의 영역이 확장되도록 철학을 격려하며 동시에 그런 탐구의 본성이 허락하는 한에서 적절한 직관을 통하여 탐구를 지원하는 가장 훌륭한 자료들을 철학에 제공한다.

그렇다면 모든 것은 분할될 수 있는가—아니면 그렇지 않은가?

사변에 대해서는 불행하게도—하지만 아마도 인간의 실천적 사명에 대해서는 다행스럽게도—이성은 자신이 가장 큰 기대를 걸고 있는 〔위와 같은 탐구의〕 한복판에서 서로 반대되는 주장과 모순적인 결론의 압박에 둘러싸여 있다. 하지만 자신의 명예를 위해서나 또는 안전을 위해서나 이성이 여기서 물러설 수는 없다. 이성은 이런 계속되는 추론의 싸움을 단순한 장난으로 보고 무관심하게 방관할 수도 없으며, 양측에게 평화를 명령하는 일은 더더욱 할 수 없다. 왜냐하면 이 싸움의 대상은 철학의 중요한 관심사이기 때문이다. 그렇다면 이성에게 남아있는 유일한 길은 이러한 분열의 근원이 이성 자신에게 있지는 않은가를—혹시 단순한 오해에서 생겨난 것은 아닌가를—숙고해보는 일뿐이다. 이러한 탐구가 이루어진 후에야 양쪽 모두의 무리한 주장이 제거될 수 있다. 그리고 그 대신에 오성과 감성에 대한 이성의 지배가 확실한 기초 위에서 이루어진다.

하지만 이것이 그리 명확한 대답이 될 수 없음은 분명하다. 어쩌면 칸트가 말하고 있는 바는 심지어 이런 난해한 형이상학적 주제에서조차도 사고 실험의 기법들이 활용되는 공간과 이에 적용되는 규칙이 존재한다는 점인 듯하다.

루크레티우스의 창

루크레티우스의 창은 가장 오래된 동시에 가장 큰 성과를 낳은 사고실험 중 하나이기도 하다. 이 실험은 우주와 무한의 본성에 대하여 천문학자뿐만 아니라 물리학자와도 관련되는 근본적인 질문을 불러일으킨다.

루크레티우스의 창은 나무와 쇠로 만들어진 실제의 창으로, 그의 서사시 한 대목에서 (이는 상당히 어려운 부분이기도 한데) 그가 우주의 제일 끝부분까지 가지고 갔다고 전해진다. 그 후 그는 큰 고함을 지르면서 온 힘을 다해 이 창을 우주의 경계 너머 무한한 곳으로 던졌다.

루크레티우스는 그 다음에 무슨 일이 일어날지를 묻는다. 가능성은 오직 둘뿐이다. 창은 우주의 경계를 넘어 (설령 보이지 않게 된다 할지라도) 계속 날아갈지도 모른다. 그렇다면 이 경우 우주의 경계는 결코 우주의 진정한 끝이라 할 수 없다 … 아니면 창이 경계를 넘지 못하고 눈에 보이지 않는 어떤 힘의 장(force field) 따위에 부딪혀서 튀어나올 수도 있다. 이 경우에는 우리가 우주의 끝이라고 생각하였던 선은 결코 진정한 경계가 아니라 단지 경계 안에 있는 선에 불과하며 따라서 창은 그 선을 이미 넘은 셈이 된다.

만일 우주의 끝에 있는 벽 자체가 무한히 넓은 폭을 지녔다면 어떻게 되는가?

논 의 할   내 용

우주 전체가 유한한데 누군가가 우주의 맨 끝까지 가서 창을 던졌다고 가정해보자. 온 힘을 다해서 던진 그 창이 목표 지점을 향해서 빠르게 날아가리라고 생각하는가? 아니면 무언가가 그 창을 가로막아 멈추리라고 생각하는가? 우리는 반드시 이 둘 중에 하나를 가정할 수밖에 없다. 하지만 이들 중 어느 쪽도 우리에게 교묘히 빠져나갈 구멍을 제공하지 않는다. 어떤 쪽을 선택하든 우리는 우주가 끝없이 계속된다는 사실에 동의해야만 한다. 경계선에 어떤 장애물이 놓여있어 창이 더 이상 멀리 날아가지 못하든 아니면 창이 경계선 너머로 날아가든 간에 사실상 창은 경계선에서 출발한 것일 수 없다.   -《사물의 본성에 관하여》, 1권, '물체와 공간' 중에서

《사물의 본성에 관하여》(*De Rerum Natura*)는 평범한 책이 아니다. 이 책은 처음부터 끝까지 모두가 서사시로 구성된다. 기원전 100년경에 쓴 것으로 추측되는 이 책에 대해 루크레티우스 자신은 우주에 관한 그리 달갑지 않은 진리를 포함하지만 '겉에는 꿀이 발라진' 알약과도 같다고 묘사한다. 이런 진리들은, 예를 들면 우주 안의 모든 것은 빈 공간과 매우 작고 보이지 않는 입

자들로 구성된다는 등의 진리는 위대한 철학자인 에피쿠로스(Epicurus)가 발견한 바이다. 이런 입자들은 창조되지도 파괴되지도 않는다. 그리고 (위의 사고실험이 논증하려고 하듯이) 우주는 무한하며 가능한 모든 사물들과 모든 세계를 포함한다.

사실 루크레티우스가 자신의 시를 통해서 제시한 견해는 최소한 20세기에 이르기까지 우주에 대한 최고의 설명이며 현재 우리가 지니는 복잡한 이론들 모두와 비교해보아도 어떤 측면에서는 더욱 뛰어나다고 할 수 있다. 예를 들면 루크레티우스는, 차라리 에피쿠로스라고 말하는 편이 나을지도 모르지만, 입자들의 운동에 특히 약간의 '일탈'이 있을 수 있다고 주장하는데 이는 우리 인간의 삶에 있어 자유의지의 가능성을 허용하기 위하여 더해진 요소이다. 이것이 허용되지 않는다면 우주와 그 안에 있는 모든 것은 햇빛이 비칠 때 보이듯이 끊임없이 움직이는 작은 먼지들 이상의 의미를 결코 지닐 수 없다.

루크레티우스가 등장한지 1700여년이 흐른 후에도 우주가 무한하며 한계가 없다는 사실을 증명하려는 시도는 여전히 과학의 중요 관심사였다. 데카르트(René Descartes)와 뉴턴(Isaac Newton) 모두는 이를 증명하기 위한 논증을 제시하였는데 이들은 우주가 유한하다는 아리스토텔레스의 견해가 신의 능력을 제한하며 영혼을 기계로부터 생겨난 존재로 만든다고 보았다. 하지만, 후에 아인슈타인이 지적하였듯이, 우주는 얼마든지 유한한 동시에 한계가 없을 수도 있다—상식에 반대되는 이러한 견해는 창을 우주 끝까지 들고 나르는 사람을 혼란에 빠뜨릴지도 모른다. 그러나 다시 한 번 아인슈타인이 말했듯이 (칸트가 어떤 설명을 선호하였든 이와는 전혀 무관하게) 우주 공간이 기하학의 규칙에 **반드시** 따를 필요는 전혀 없다.

어떻든 간에 현대의 천문학자들은 공간이 대부분 눈에 보이지 않는 에너지 장으로 이루어져 있으며 우리가 '우주'라고 생각해왔던 것은 단지 그 안에 떠 있을 뿐이라고, 말하자면 반중력(anti-gravity)의 검은 장 안에 떠 있을 뿐이라고 생각한다.

하지만 검은 장 안에는 또 무엇이 있는가?

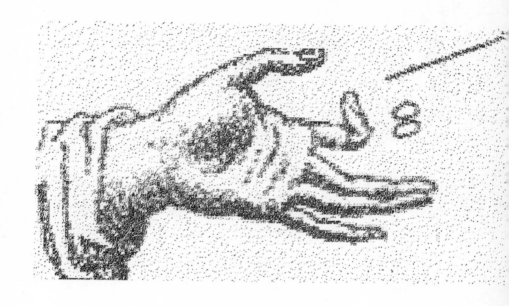

그림 6 루크레티우스의 창

마흐의 움직이지 않는 쇠사슬

특별히 필요한 준비물 : 기묘하게 생긴 얼음 덩어리, 포탄, 철사

마흐(Ernst Mach)는 '사고실험'이라는 용어를 (더욱 정확하게 그의 모국어인 독일어로 표현하면 [Gedankenexperiment]라는 용어를) 처음 만들어 낸 사람으로 평가되며, 그 자신이 실제로 예리한 실험자였다. 《역학이라는 과학》(*The Science of Mechanics*, 1893)[16]에서 그는 모든 사람들이 '본능적인 지식'이라는 깊은 저장소를 지니고 있는데 우리는 의식적으로 이를 인식하지 않고도 여기에 무언가를 더할 수도, 이로부터 무언가를 이끌어낼 수도 있다는 자신의 견해를 제시한다.

그가 즐겨 예로 들었던 사고실험은 다소 현실성이 떨어지는 (전문적인) 실험으로, 마찰이 없는 직각 삼각형을 둘러싸고 있는 쇠사슬 이야기이다.[17]

---

16 역자주 이 책의 원제목은 《역학의 발전과정 – 역사적, 비판적 고찰》(*Die Mechanik in ihrer Entwicklung, historisch-kritisch dargestellt*)이며 1883년에 처음 출판되었다. 본문에 표시된 1893년은 T. J. McCormack 이 번역한 영역본의 출판연도이며 *The Science of Mechanics* 또한 영역본의 제목이다.

하지만 우리는 이를 약간 수정하여 살펴보려 한다. 나는 쇠사슬을 서로 철사로 연결된 한 줄의 포탄으로 바꾸어 더욱 흥미 있게 만들었다. 이렇게 연결된 포탄을 조심스럽게 얼음 덩어리 위에 (이 또한 거의 마찰이 없는 상태라할 수 있다) 놓아 양쪽 끝이 같은 높이가 되게 만든다. 그리고 애정 영화의마지막 장면처럼 마흐 자신을 연결된 포탄의 한쪽 끝 아래에 세워놓고 과연그의 이론이 옳은지 확인하기 위하여 기다려볼 수 있다.

마흐가 거기 서서 진땀을 흘리면서 잠재적으로 회의하는 바는 그의 위에있는 얼음의 더욱 가파른 경사면이 포탄에 영향을 미쳐 다른 경사면에 비하여 포탄의 수가 분명히 적음에도 불구하고 과연 그의 머리 위로 포탄이 굴러떨어지지 않을지이다.

마흐는 어떻게 자신이 안전하다고 확신할 수 있는가?

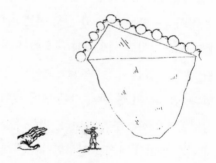

그림 7a 포탄의 움직임을 두려워하는 마흐

---

17 이는 중세철학자 스테빈이 제시한 예에 따른 것이다. 그는 경사면에서 어떤 무게를 지니는 물체와 평형을 유지하기 위해서는 얼마만큼의 무게가 필요한가라는 문제를 탐구하면서 위의 예와 유사한 내용을 논의하였다 – 스테빈(Simon Stevin)은 1548년에 태어나 1620년에 사망한 네덜란드의 수학자 겸 물리학자이다. 위의 예는 이 스테빈이 제시한 것이 분명한데 그를 중세철학자라고 한 지은이의 표현은 오해의 소지가 있다(후반부는 옮긴이의 첨가).

마흐는 이런 위험한 실험에 자신을 내맡기기에 앞서 철사로 된 고리를 몇 개 더하여 전체를 연결한 후 이를 얼음 삼각형 위에 천천히 내려놓는다. 이제 몇 가지 사실이 명백해진다.

무엇이 명백한가? 우리가 '철사로 연결된 포탄' 중 일부를 그림 7b에서처럼 삼각형의 밑변이 형성하는 지평선 아래로 이동시킬 수 있다는 점이 명백하다. 왜냐하면 아래의 포탄들이 위의 포탄을 방해할 수 없기 때문이다. 이 경우든 아니면 원래의 경우든 간에 철사로 연결된 포탄은 움직일 수 없다. 만일 움직인다면 영구운동기관을—이보다는 못할지라도 최소한 영구운동을 낳는 장치를—만든 셈이 되는데, 이는 비록 어떤 의미에서는 바람직한 일일지 몰라도 물리학의 법칙들과 더욱이 상식에도 위배된다. 하지만 삼각형의 밑변 아래에 있는 모든 포탄들 없이도 문제를 해결할 수 있는 현명한 방법이 있다. 삼각형의 한 변과 다른 변에 놓여있는 포탄의 수 사이에 어떤 관계가 성립한다는 사실뿐만 아니라, 더욱 유용하게도, 포탄들의 무게와 변의 길이가 이와 동일한 관계를 형성한다는 사실 또한 명백하다.

마흐는《역학이라는 과학》에서 다음과 같이 말한다.

> 우리는 설령 단순한 실험의 결과로 제시된 법칙이 … 다소 의심스럽게 보인다 할지라도 이를 반박하려는 생각을 하지 않고 … 그 법칙으로부터 도출된 결론을 받아들인다.

그리고 우리의 용감한 사고실험자는 안전할 뿐만 아니라 건전하기도 하다.

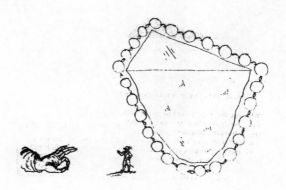

그림 7b 안전을 확신하는 마흐

뉴턴의 양동이

특별히 필요한 준비물 : 양동이, 긴 밧줄

뉴턴(Sir Isaac Newton)이 영국 왕립학회(the Royal Society)에서 실험을 하게 되었다. 이 실험에서 그는 양동이와 긴 밧줄을 이용하여 절대공간과 절대운동이 가능함을 논증하려 하였다.

뉴턴이 생각한 가상의 조수가 양동이에 물을 채우고 긴 밧줄을 사용하여 양동이를 천장에 매달면서 실험은 시작된다. 그 후 밧줄이 완전히 꼬일 때까지 양동이를 계속 돌린다.

조수는 우리가 찻잔에 담긴 차를 계속 휘젓는다면 차는 둥글게 소용돌이쳐서 결국 가운데가 오목하게 된다는 점을, 즉 차의 가운데 부분보다 가장자리 부분이 약간 높게 된다는 점을 상기시킨다(하지만 이는 차와 찻잔의 단단한 '벽' 사이의 마찰 때문일 수도 있다고 누군가가 중얼거린다. 다른 웅성거림도 들린다).

이제 뉴턴이 '양동이를 놓으라'고 말하자 조수는 그렇게 한다. 꼬인 밧줄이 풀리면서 양동이는 놀랄 만큼 부드럽게 계속 돈다. 물론 처음에는 양동이에 담긴 물의 수면이 평평하였다. 하지만 양동이의 회전 운동이 시작되자 양동이 가장자리의 수면은 점점 높아졌고 가운데의 수면은 낮아져 마치 물이 회전하는 양동이의 벽을 '타고 오르는' 듯한, 이런 점에서 찻잔 안의 차와 유사한 모습이 되었다.

'잠깐 전에 양동이는 그 안에 담긴 물에 영향을 미치는 상대적인 운동 상태에 있었지만 수면은 평평하였다.' 뉴턴은 열광적으로 청중들에게 외친다.

하지만 결국 물은 양동이의 운동을 '따라 잡아', 곧 둘 모두는 함께 돌게 되었으며 같은 속도로 일종의 회전 운동을 한다. 둘 사이의 마찰은 완전히 사라져버렸다. 또한 뉴턴이 자랑스럽게 지적하듯이 이런 사실에도 불구하고 양동이 안에 있는 물의 오목한 형태는 계속 유지된다.

갑자기 뉴턴의 조수가 나타나 돌고 있는 양동이를 움켜잡아 운동을 멈추게 한다!

양동이 안의 물은 잠시 동안 회전을 계속한다. 또한 '오목한' 형태도 계속 유지한다. 이는 실험이 막 시작되었을 때 양동이가 물에 영향을 미쳤던 것과 같은 종류의 상대적인 운동이다. 그 때 물의 수면은 평평하였다.

서로 영향을 주고받으면서 물과 양동이는 모두 운동을 한다. 그러나 오직 한 경우에만 물은 오목한 형태를 보인다고 뉴턴은 설명한다. '그 운동은 건물이나 건물의 바닥, 지구에 영향을 미치는 운동과 다른 종류인가?' 청중 중에 한 사람이 유익한 질문을 한다. 뉴턴은 '전혀 그렇지 않다'고 말한다. '물은 원심력의 결과를 보여주고 있으며, 은하계들 또한 원심력의 영향을 받는다. 이와 관련되는 유일한 것은 바로 절대공간 그 자체이다'라고 뉴턴은 결론을 밝힌다.

뉴턴의 양동이 안에 들어있는 물은 그의 주장대로 절대공간의 존재를 발견하였는가?

논 의 할 내 용

《자연철학의 수학적 원리》(*Principia*) 7부에서 뉴턴은 다음과 같이 말한다.

절대공간은 그 자체의 본성에 따라 외부의 다른 어떤 것과도 관련이 없이 항상 동일하고 움직이지 않는 존재로 남는다.

사실 뉴턴은 우주 안에서 모든 물질이 사라진다 할지라도 절대공간만큼은 여전히 남으리라고 생각하였다. 만일 그렇게 되면 공간은 텅 비게 되겠지만 여전히 실재하는 '공간'으로 남는다. 시간 또한 남는다.

양동이를 이용한 실험은 단순히 물의 형태가 양동이의 벽면에 영향을 미치는 물의 운동에 의존하지 않는다는 점을 보이기 위하여 고안되었다. 흥미롭게도 《자연철학의 수학적 원리》에는 이 실험의 전반부만이 언급된다. 여기서는 '조수'가 양동이를 멈춘 후 누가ㅡ또는 왜ㅡ그것을 멈추라고 했는지는 더 이상 알 수 없다. 하지만 뉴턴 자신은 이미 양동이 실험만 가지고 절대공간의 존재를 확신하기에 충분한지를 회의하였으며 따라서 두 구체가 함께 연결되어 그들에게 작용하는 중력의 중심을 축으로 회전하는 경우를 상상해보라고 말한다. 두 구체 모두는 멀리 벗어나려고 하지만 둘 사이가 줄로 서로 연결되어 있기 때문에 벗어나지 못하고 줄이 더욱 팽팽하게 된다

그림 8 뉴턴의 양동이

반면에 만일 모든 운동이 상대적이라면 고정된 지점에서 회전하는 구체를 관찰하는 것과 회전하는 지점에서 고정된 구체를 관찰하는 것 사이에 아무런 차이도 없어야 한다. 예를 들면 회전하는 양동이에 앉아 아래 바닥에 놓여있는 두 구체를 관찰하는데 이들 둘이 줄로 연결되어 있다고 상상해보자.>**18** 이 경우 관찰자가 양동이를 따라 돌지만 그의 눈에는 바닥에 있는 두 구체가 도는 듯이 보인다. 하지만 바닥의 줄을 본다면 줄이 팽팽하지는 않다는 사실을 발견하게 된다.

후에 마흐는 우주가 항상 모든 것들에게 영향을 미치고 있으며 따라서 모든 것이 사라진 상황을 가정하는 뉴턴의 상상은 잘못이라고 말하였다. '뉴턴의 양동이를 적절한 곳에 고정시키고 창공을 회전시킨다면 원심력 자체가

---

18 뉴턴이 실제로 이런 실험을 행하였다는 증거는 없다.

존재하지 않는다는 점을 증명할 수 있다'라고 말하면서 그는 뉴턴을 비웃는다. 또한 어느 누구도 다른 모든 것이 제거된 우주에서 '구체를 회전하는 지점에서 관찰한다면' 어떤 일이 일어날지를 안다는 따위의 가정을 해서는 안 된다고 주장한다(그런 일을 한 번 상상해보라!).

올베르스의 역설

특별히 필요한 준비물 : 구름 없는 하늘

올베르스는 만일 우주가 무척 광대하며 그 안에는 수많은 별들이 있다고 가정한다면 (또한 별들이 어느 한 구석에 모두 모여 있지 않다고 가정한다면) 밤하늘을 볼 때 모든 곳에서 별을 볼 수 있어야만 한다고 주장한다. 즉 밤하늘 전체가 무척 밝게 빛나 마치 커다란 별들이 연이어 밤하늘을 완전히 채우고 있는 듯이 보여야만 한다. 여기서 발생하는 역설은 … 현실은 그렇지 않다는 점이다.

이 역설은 비록 전문적인 것이기는 하지만 우주론, 즉 우주의 기원에 대한 탐구와 이론에 속하는 중요한 문제를 구체적으로 제기한다. 이에 대하여 그저 별들 대부분이 너무 멀리 떨어져 있어 보이지 않을 뿐이라는 대답은 충분하지 않다. 다른 모든 종류의 빛들과 마찬가지로 별빛도 거리가 멀어질수록 희미해진다는 점은 분명한 사실이다. 하지만 동시에 '원뿔형을 이루는 우리의 시계에' 포섭되는 광원의 수는 거리가 멀어질수록—정확하게 동일한 비율로>**19**‑늘어난다. 수학적으로 계산하면 은하와 별들이 균등하게 분포되어 있는 무한한 우주를 전제할 경우 밤하늘은 어둡거나 약간의 별이 빛나는 정도가 아니라 전체가 하얗게 빛나는 듯이 보여야만 한다.

올베르스(Heinrich Olbers, 1758~1840)는 빈(Vienna) 출신의 의사로 오직 여가 시간에만 천문학을 연구하였다. 위의 역설에는 그의 이름이 붙어있지만 이는 사실 1610년 케플러(Johannes Kepler)가 편 주장에까지 거슬러 올라가는 문제이다(케플러는 이 역설 대신 태양 주위를 공전하는 행성들의 궤도에 관한 저술을 통해서 기억되고 있다). 올베르스가 기여한 바는 (몇몇 수학적인 내용은 별도로 하고) 이 문제가 케플러가 생각했던 정도보다 훨씬 더 심각하다는 점을 보인 것이다. 만일, 모든 사람들이 말했던 바대로, 우주의 크기가 무한하다면 밤하늘은 밝게 빛날 뿐만 아니라―무한히 밝게 빛나야 한다.

그런데 왜 실제로는 그렇지 않은가?

논의할 내용

올베르스의 역설은 대부분의 추론이 오직 가설에 의해서 진행된다는 점에서 매우 훌륭한 '사고실험'이다. 만일 우주가 무한히 크다면 어떻게 되는가? 또 무한히 오래 되었다면? 만일 별들과 은하들이 (평균적으로) 고르게

---

19 원뿔의 반지름을 r이라 할 때 1/r² 비율로 줄어들며 r² 비율로 늘어난다.

퍼져 있다면? 이런 의문에 대한 대답들은 모두 마찬가지로—또한 필연적으로— '마음 안의 실험실'에서 찾을 수밖에 없다.

사람들은 이들에 대하여 가능한 다양한 설명들을 제시해왔는데 다음과 같은 설명이 있다.

- 어쩌면 우주 공간에 너무 많은 먼지가 있어 멀리 있는 별들을 볼 수 없지 않을까?
- 어쩌면 우주 안에는 오직 유한한 수의 별들과 은하들이 있지 않을까?
- 또는 별들과 은하들이—최소한 '평균적으로'라도—고르게 퍼져 있지 않고 어느 한 쪽에 몰려 있어 대부분의 우주 공간은 완전히 텅 비어 있지 않을까? 따라서 예를 들면 수많은 별들이 있지만 서로 뒤에 가려져 있지 않을까?

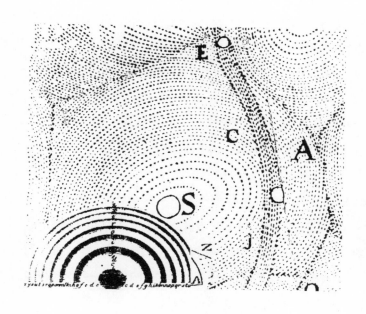

그림 9 올베르스의 천문학적인 역설

이들 중 첫 번째 생각은 그럴 듯하지만 이미 알려진 사실들을 무시하고 있다. 이런 경우라면 먼지도 더워질 수 있고, 그에 따라 우주 공간은 지금 현재보다 훨씬 더 높은 온도를 유지하게 된다. 또한 이 경우는 빛을 차단할 만큼 많은 먼지를 필요로 한다―이렇게 먼지가 많다면 이들이 태양 빛을 차단하는 경우도 발생한다. 이런 일들 중 어떤 것도 실제로 발생하지 않기 때문에 이런 설명은 그 미래가 (뭐랄까) 다소 불투명한 듯하다.

반면에 두 번째 제안도 어쩌면 옳을지 모른다. 그러나 별들의 수는, 유한하든 그렇지 않든 간에, 이미 밤하늘 전체를 밝히기에 충분할 정도로 많다. 이 설명은 단지 우리가 별빛 때문에 '새카맣게 타는 현상을' 막아줄 뿐이다.

따라서 19세기에 많은 학자들이 선호하였던 '해결책'은 세 번째 설명이었다. 비록 우주가 무한하기는 하지만 별들이 고르게 퍼져 있지 않으므로 밤하늘의 많은 부분들이 텅 빈 모습으로 보인다는 것이다. 하지만 이런 설명은 다소 편의주의적이며, 더욱이 현대의 관찰 결과는 별들이 고르게 퍼져 있다는 가정이 사실에서 그리 크게 벗어나 있지 않다는 점을 보여준다. 지구 주위를 선회하는 인공위성에 설치된 망원경은 우리가 살아가고 죽는 지구 주변에 약간의 불규칙성이 있다 할지라도 우주 전체는 결국 부드럽고 묽은 죽처럼 균일성을 지닌다는 사실을 확인해 준다.

그렇다면 올베르스의 질문에 대한 대답은 무엇인가? 오늘날 가장 선호되는 설명은 비록 우주가 무한히 클지 모르지만 무한히 오래되지는 않았다는 것이다. 이런 설명은 어느 정도의 거리를 넘어서 존재하는 은하들은 자신들의 빛을 우리가 보는 밤하늘에까지 보내서 이를 밝히기에 충분한 시간을 아직 얻지 못했음을 의미한다. 예를 들어 우주가 150억년이 되었다면 우리는 150억 광년 이내의 거리에 있는 별과 은하들만을 볼 수 있다.

때로는 여기에 (매우 약삭빠른 설명 방식으로) 새로운 이론이 더해지기도 한다. 이에 따르면 우주가 (이른바 '대폭발' 이후로) 끊임없이 팽창하고 있으므로 몇몇 은하들은 '우리로부터' 매우 빠르게 멀어진다. 따라서 그들이 발산하는 빛은 '적색 편이'(red shift), 즉 별의 파장이 우리가 볼 수 있는 스펙트럼을 넘어서는 일종의 이동 현상에 의해서 점차 어두워진다.

몇 가지 가정을 상상하여 도입하고 지극히 단순한 질문, 즉 '왜 밤하늘은 어두운가?'라는 질문을 던짐으로써 올베르스와 다른 사람들은 현대 천문학의 위대한 '발견' 두 가지를 구체적으로 지적하는 사고실험을 만들어내었다. 그 두 가지 발견은 우주가 계속 팽창하는 듯이 보인다는 점과 분명하게 한정된 나이를 지닌다는 사실이 거의 확실하다는 점이다.

파핏이 생각한 개인

특별히 필요한 준비물 : 사악한 뇌 전문 외과 의사

　두 번째 사고실험에서 등장하는 단정하지 못한 학자나, 심지어 세 번째 사고실험에서 등장하는 진지한 식인종에게조차 '본질적인 육체의 보존'은 중요한 관심사였다. 이는 또한 파핏(Derek Parfit)의 관심사이기도 하다. 하지만 철학자로서 파핏은 이 문제를 훨씬 더 직선적으로 생각한다. 즉 우리의 두뇌가 보존되는 한에서 고찰한다(우리의 두뇌가 다른 사람의 육체에 이식되는 경우를 언급한다).

　그의 주된 관심사는 우리의 두뇌와 더불어 '정신적인' 속성들이 어느 정도 전달될 수 있는가이다. 우리는 분명히 이 속성들이 어떤 의미에서 우리의 '특성'(영혼)을 포함하기를 기대한다. 두뇌가 우리의 기억, 개인적인 '심리적' 습성 그리고 특성들을 동반한다고 가정한다면 우리의 두뇌를 이식 받는 사람은 여전히 우리인 듯이 보이며, 이는 어쩌면 우리가 육체적으로 다시 젊어질 수 있는 방법을 (비록 비윤리적일 수도 있지만) 제공할지도 모른다.

물론 이런 수술은 무척 어려운 일이다. 하지만 우리 두뇌의 여러 부분들이 서로 다른 사람들에게 이식된다면 더욱 심각한 문제가 일어나리라고 파핏은 생각한다. 예를 들어 두뇌의 절반만으로도 이런 어려운 수술을 할 수 있다는 사실이 밝혀진다면 어떻게 되는가? 더 나아가, 몇몇 사람들이 가정하듯이, 내 두뇌의 절반을 이식하였는데 이것이 잘못될 경우를 대비하여 나머지 반을 남겨 놓았다고 하자. 그런데 이 나머지 반이 다른 사람의 신체에 이식되어 성공적으로 작용한다면 어떻게 되는가라고 파핏은 묻는다. 이 경우 두 사람의 내가 존재하는가? 이는 일종의 인간 복제인가?

이전 나의 자아와 '동일한' 두 사람이 존재하는 일이 어떻게 가능한가? 다른 사람들이 나를 파티에 초대하려 한다면 누구를 초대하여야 할지를 어떻게 알 수 있는가?

정말로 나는 어떤 쪽이 진정한 나였는지를 어떻게 알 수 있는가?

논 의 할 내 용

몇몇 철학자들은 위와 같은 경우 두 사람이 동시에 서로 다른 경험을 하면서 서로 다른 장소에 나타날 수 있기 때문에 둘은 서로 동일할 수 없다고 말한다. 사실 시간이 흐를수록 그들 둘은 점점 더 다르게 된다. 더욱이 이런 주장을 전제할 때 새로운 두뇌를 받은 사람이 '새로운 나'이며 다른 한쪽은 내가 아니라는 언급은 여전히 자의적으로 보인다(앞의 아홉 번째 사고실험,

서로 구별될 수 없는 것들의 동일성 참조).

어쩌면 그들 둘 모두 진정한 내가 아니라고 말하는 것이 나을지 모른다. 하지만 이 경우 두 번째 이식 수술에 앞서 내가 새로 얻는 젊은 신체와 더불어 행복하게 지속하는 듯이 보였다 할지라도 이제 나는 완전히 사라지고 만다. 매우 우습게도 만일 두 번째 이식 수술이 실패하였다면 '나'는 여전히 새로 얻은 젊은 신체와 더불어 행복하게 지속되는 듯이 보인다. 어쨌든 두 번째 수술이 다른 사람에게 시행되었고, '나'는 그 사실을 알 필요조차 없는 듯하다. 하지만 이는 그 자체로 기묘한 문제를 불러일으킨다. 한 개인에게 행해진 바가 어떻게 다른 개인의 존재를 멈추는 결과를 낳는가?

이 점과 관련해서 파핏은 이렇게 다른 누군가에게 일어난 일에 의존할 수는 없으며 나의 두뇌 '전체'를 이식받은 사람조차도 '나'의 진정한 존재로 여겨져서는 안 된다고 가정하는 편이 나을 것이라고 결론짓는다. 즉 어떤 경우든 첫 번째 이식 수술이 이루어지는 순간에 나의 동일성은 멈추고 만다.

하지만 그리 크게 슬퍼할 필요는 없다. 파핏의 견해는 우리가 자신의 개인적 특성에 지나치게 매달릴 필요가 없다는 점을 검토한 데 지나지 않는다. 이식 수술을 통해서도 우리 중의 무언가가 계속 살아남는다―하지만 이것이 이전에 우리가 지녔던 바는 아니다. 그의 용어를 빌리면, 우리의 '동일성'이 살아남지는 않는다.

어떤 사람들은 이는 매우 강한 의미에서 '살아남음'은 아니라고 주장한다. 현대 철학자 중의 한 사람인 로스(Kelly Ross)는 이런 살아남음은 단지 우리가 자손들을 통해서나 자신의 삶을 바친 작품을 통해서 '살아남는다'고 말할 때와 유사한 의미를 지닌다고 주장한다. 하지만 파핏은 이런 약한 의미의 살아남음 정도로도 충분히 만족하는 듯하다. 왜냐하면 그는 불교도들처럼 만일 우리가 자아의 지속이라는 생각이 환상에 지나지 않는다는 사실을 깨닫기만 한다면 '우리 자신'에 대하여 걱정을 덜 하게 되며 '다른 사람들'에 대하여 덜 이기적이 되리라고 생각하기 때문이다. 그는 자아의 지속을 믿는 사람들은 여전히 데카르트의 이론, 즉 우리가 비물질적인 자아를(이 자아가 이른바 송과선에 위치한다고 하니 뇌 전문 외과 의사들은 주의하시기를!) 지닌다는 이론에 의해서 오도되고 있다고 경고한다.

일상적 사고실험을 통해서
제기되는 문제들

특별히 필요한 준비물 : 시계

일상적(quotidienne)이라는 프랑스어는 '매일 일어날 수 있음'을 의미하는데, 현대 프랑스 철학자인 드로아(Roger-Pol Droit)는 우리의 정신을 폭넓게 하고 더욱 유연하게 만들기 위하여 고안된 일련의 정신적 훈련에 일상적 실험이라는 명칭을 붙였다. 이에 속하는 훈련들 중 일부는, 예를 들면 아무 전화번호나 돌려보라든지(이는 우리 자신이 하찮은 존재임을 느끼기 위함이라는데) 자신을 강하게 꼬집어보라는(이는 실재하는 고통을 느끼기 위함이라는데) 충고 등은 다소 어리석은 일로 보이기도 한다. 하지만 다른 것들은 충분히 생각해볼 만한 가치가 있다. 이제 공간 및 시간의 본성과 관련된 두 가지 사고실험을 살펴보려고 한다. 그 중 첫 번째는 20분 후에 없어지는 세계에 관한 사고실험이다.

세계가 단지 20분만 지속된다고 상상해보라. 이는 곧 세계가 잠시 전에 갑자기 존재하게 되었다가 그로부터 정확히 20분 후에 완전히 사라진다는 말이다. 세계 안의 모든 것은 현재 있는 그대로 똑같이 존재하며 변화하지 않는다. 하지만 이 세계는 '터지는 비눗방울 또는 꺼져버리는 불처럼' 19분 후에 사라져버린다.

드로아는 (이런 실험에서) 설령 무언가가 변화하였다 할지라도 모든 것이 똑같아 보인다고 말한다. 이런 세계에는 '진정한 과거와 지속될 수 있는 미래에 대한 전망' 이라는 깊이가 존재하지 않는다. 또한 20분이라는 짧은 시간을 통하여 접근함으로써 우리는 '은연중에, 모든 것이 결국 사라지고 만다는 막연한 공포를 느낄 수밖에 없다.' 비록, 드로아가 익살스럽게, 지적하듯이 실제로 아무 것도 사라지지 않아서 어쩌면 우리가 은밀하게 다소 실망을 느낄지도 모르지만 …

하지만 또 다른 일상적 실험은 (어쨌든 나에게는) 더욱 미묘하게 보인다. 이 실험은 앉아서 명상을 즐길 수 있는 풍경 또는 경치를 발견하는 문제와 관련된다. 이 실험은 다음과 같이 시작된다.

당신은 그것을 보기 위하여 자리를 잡고 앉는다. 멍하니 응시하지도 한 곳을 뚫어지게 쳐다보지도 마라. 당신이 찾는 것은 눈에 띄지 않는다. 그리고 특정한 한 곳에서 멈추지 마라. 그 대신에 모든 것에서 벗어나 다소 막연할지라도 전체를 부드럽게 바라볼 수 있도록 하라 … 모든 것은 틀림없이 평평하고 요철이 없는 하나의 화면처럼—마치 한 장의 그림처럼—보이게 된다.

드로아는 당신이 분위기에 따라 매우 빨리 이런 상태에 도달할 수 있으리라고 말하지만 이렇게 되기까지는 몇 분이 걸린다. 어쨌든 당신이 진정으로 부드러운 하나의 화면을 응시하는 중이라고 믿는다면 '땅에서 하늘 끝까지, 정지해 있든 움직이든 간에 당신이 보는 모든 것은 거대하게 펼쳐진 화폭의

한 부분이라고' 상상해보라. 아니면 '초점과 해상도가 완벽하게 들어맞는 커다란 영화 스크린과 같은' 거대한 스크린을 본다고 상상해보라. 그리고 이제 그 스크린이 반으로 접힌다고 상상해보라.

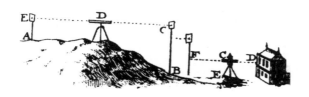

그림 10 커튼을 걷었을 때 …

이제 당신은 풍경 전체를 포함하는 이 커다란 커튼이 그 너머에 있는 무언가를 막 드러내는 모습을 볼 참이다. 매우 천천히 커튼이 접히기 시작한다.

무엇이 보이겠는가라고 드로아는 묻는다.

논 의 할 내 용

두 번째 실험과 관련해서 드로아는 우리가 좋아하는 것이면 무엇이든 상상할 수 있으리라고 말한다. 하지만 우리가 반드시 보아야만 할 것이 하나 있는데 그것은 바로 지금부터 '실재의 견고함'이 점차 사라진다는 사실이다.
이런 '일상적 실험들'은 사실 과학자나 분석철학자들이 선호하는 다른 실험들과 동일한 의미에서의 사고실험은 결코 아니다.>[20] 이들은 무언가를 논리적으로 강요하지 않을 뿐만 아니라 그런 척도 하지 않는다. 하지만 이것이 바로 프랑스 철학이며, 이를 통하여 우리는 어떤 지점에서 유럽 대륙과 영어권의('영미의') 철학자들이 서로 갈라졌음을 확인한다. 그렇지만 나는 드로아에게도 동일한 기법이 사용된다고 생각한다. 이러한 명상의 '증거'는 결코 사라지지 않으며 오히려 어떤 방식을 통해서 사고실험의—심지어 실천적인 실험의—증거가 된다.

---

20 위에서 제시한 두 가지 '소박한' 실험은 현실적인 물리적 행위를 포함하기 때문에 분명히 사고실험은 아니다.

규칙이 지배하는 방

특별히 필요한 준비물 : 한 무더기의 중국어 문자들

우리가 많은 질문을 던지고 대화를 나누면서 지금 기계와 대화를 나누는지 사람과 대화를 나누는지 구별할 수 없다면 기계도 지능을 지닌다고 생각해야만 한다는 점을 지적한 인물은 2차대전 때 탁월한 암호해독가로 활약했던 튜링(Alan Turing)이었다.

이런 생각은 많은 철학자들을 화나게 하였다. 지능이란 어쨌든 얻기 어렵고, 철저히 옹호되어야 하는 무언가가 아닌가. 이런 철학자들은 바로 유명한 '중국어 방' 실험에서 자신들을 옹호할 근거를 발견하였다. 또한 인공지능을 연구한 (현대의) 철학자인 설(John Searle)은 이 실험을 통하여 지능에 대한 느슨한 해석의 문제점을 폭로하려 하였다.

설은 많은 중국어 문자들이 가득 찬 상자가 있는 방에 갇힌 경우를 상상해보라고 제안한다. 이제 그는 만일 방 밖에 있는 누군가가 가끔 중국어로 쓴 질문을 편지함을 통해서 보내고 이에 대한 답변을 찾아서 다시 보내라고 한다면 어떤 일이 일어날지 생각해보라고 요구한다. 한편 이 방 안 벽에는 어떤 질문이 전달되든 간에 답변에 해당하는 중국어 문자를 고를 수 있도록 정확히 설명해주는, 영어로 쓴 일종의 지침서가 붙어있다.

여기서 설의 임무는 이런 방에 갇힌 사람은 결코 중국어를 이해하지 못한다는 사실을 증명하는 것이다. 컴퓨터도 이와 유사한 방식으로 작동하기 때문에 설령 컴퓨터가 지능을 지닌 듯이 보이는 답변을 한다 해도 그것이 실제로 지능을 지니거나 사물을 이해한다고 단언할 수는 없음을 설은 지적한다.

이 실험은 방 안의 사람이 중국어를 이해하지 못한다는 사실을 매우 설득력 있게 보여준다. 어쨌든 이 실험의 첫머리에서 설은 방 안의 사람이 '한 마디의 중국어도 읽거나 말할 줄 모르며', 그에게 '중국어 문자는 단지 수많은 의미 없는 곡선에 지나지 않는다'고 말한다. 그의 결론은 어쩌면 명백한 사실을 다시 언급하는 듯이 보일지 모른다. 하지만 분석철학자들은 이런 종류의 실험을 기꺼이 행한다. 이 때 속임수는 명백한 사실을 그리 명백하지 않은 듯하게 만드는 것이다. 하지만 설이 제시한 철학적 문제, 즉 '외부의 관점에서—바꾸어 말하면 내가 갇혀 있는 방 밖에 있는 누군가의 관점에서—볼 때 질문에 대한 나의 답변은 중국어를 모국어로 사용하는 사람의 답변과 전혀 구별되지 않는다'는 문제는 여전히 남아있다.

그렇다면 이 실험은 지능이 단순한 현상 이상의 무언가라는 점을 보여주는가?

그러나 설 교수가 간과한 **듯한** 점은 방 안의 사람이 중국어를 이해하는 듯이 보이지는 않는다 할지라도 전체 '체계'는—즉 방 안의 사람, 카드에 적혀 있는 수많은 중국어 문자들, 벽에 붙어 있는 지침서를 모두 합하면—중국어를 이해하는 듯한 현상을 낳는다는 사실이다. 이 사실이 훨씬 더 그럴 듯하다. 더욱이 지침서를 누가 썼든지 간에 그 사람은 중국어를 이해함에 틀림없다.

설의 실험에서 일어난 일은 지침서를 쓴 사람의 전문지식이 지침서에 등장하는 규칙들을 통해서 방 안의 사람에게 전달된 것이다. 만일 이런 규칙들이 저장된 컴퓨터가 지침서를 대신한다면 중국어를 모국어로 하는 사람의 '전문지식'은, 최소한 제한된 부분이라도, 컴퓨터로 전달된 셈이 된다. 이런 접근 방식에 따르면 설은, 또는 다른 어느 누구라 할지라도, 컴퓨터가 어떤 전문지식이나 심지어 이해력을 지닌다는 점을 부정하기가 훨씬 더 어렵게 된다. 그리고 요즘은 실제로 병원 진료나 직업 상담, 금광 채굴, 폭탄 투하를 비롯한 수많은 분야에서 인간의 전문지식으로부터 도출된 규칙과 처리 절차가 저장된 컴퓨터로 운행되는 '전문체계'를 발견할 수 있다.

주제를 더욱 넓혀 컴퓨터가 정말 사고할 수 있는가하는 문제와 관련해서 칭다오 대학의 왕(Lisa Wang) 교수는 (그는 당연히 중국어를 이해하는데) 어떤 경우든 기계가 지능을 실제로 보이는지가 아니라 '인간이 만든 이런 구성체'가 지능을 실제로 보이는지가 문제의 핵심이라고 말한다. 왕 교수는 예를 들면 어떤 그림이 본질적으로는 식물성의 화폭 위에 광물성의 물감이 얇게 칠해진 것이지만 그 그림에 대하여 '나무를 그렸다' 거나 아니면 '아름답다' 고, 또 달리 무엇이라고도 말할 수 있다는 점을 지적한다.

중국어 방 실험은 세계를 각각의 부분들로 환원하여 파악하려는 그릇된 시도의 또 다른 예일지도 모른다—이는 동양의 전통과는, 사실 소크라테스의 전통과도, 정반대되는 입장을 취하는 분석철학자들이 자주 범하는 전형적인 오류이다(이들에게서 아리스토텔레스와 유사한 방법이 약간 드러나기도 하지만). 라이프니츠는《단자론》에서 이 문제를 다음과 같이 표현한다.

사고와 정서, 지각 작용을 모두 행할 수 있도록 만들어진 기계가 있다고 가정해보자. 그리고 이 기계가 형태상 동일한 비율을 유지하면서 매우 커지는 경우를, 우리가 충분히 들어갈 수 있는 방앗간만큼 커지는 경우를 상상해보자. 설령 이 기계 안으로 들어간다고 해도 우리는 단지 서로 영향을 주고받는 각각의 부분들만을 발견할 뿐, 지각 작용을 설명해주는 어떤 것도 찾을 수 없을 것이다.

이렇게 되면 문제는 더욱 복잡해진다. 나는 여기서 또 다른 사고실험 하나를—이 흥미로운 문제를 내 자신의 방식으로 다소 변형한 사고실험을—제시하려 한다. (설 또한 몇 가지 변형된 사고실험을 제시하였지만 이들은 갈수록 더욱 복잡하고 모호해지는 인상을 준다.)

R-1 중국어 방 실험 (냉혹한 형태로 변형한 것)

특별히 필요한 준비물 : 한 무더기의 철학 책들

어떤 사람이 타자기와 오래되고 먼지투성이인 철학 책들이 높이 쌓인 탁자 외에는 별다른 가구가 없는 방안에 갇혀 있다고 상상해보자. 방의 벽에는 칠판이 하나 걸려 있는데 거기에는 철학 책들을 사용하는 방법이—특히 어떤 철학 문제에 대한 여러 견해들을 찾는 방법이 적혀 있다. 이제 이 방으로 다음과 같은 몇 가지 흥미로운 질문이 배달된다.

- '공허함'은 규범적인 개념인가?
- 사고실험은 경험과 무관한 진리의 세계로 접근하는 길을 제시하는가?
- 우리는 무언가를 보면서—정확하게 동시에—그것을 상상할 수 있는가? 등등 …

방에 갇힌 사람은 칠판의 사용법을 활용하여 철학 책들에서 관련 부분을 찾아 타자기로 친 후 대답을 방밖으로 내보낸다. 이미 알고 있듯이 방안의 사람은 철학을 전혀 이해하지 못한다. 철학 책들은 그에게 단지 무의미한 낙서에 지나지 않는다.

하지만 방밖의 누구에게라도 그는 철학을 충분히 이해하는 듯이 보일 것이다.

그렇다면 과연 이 실험은 철학이 단순한 현상을 넘어서는 무언가임을 보여주는가? 현상과 실재 사이의 구별은 단지 선입견에 지나지 않는다는 튜링의 말을 기억할 필요가 있다—하지만 설은 이를 확신하지 않는다.

이 실험에서 내가 흥미를 느끼는 바는 설령 우리가 중국어 방에 갇힌 사람이 단지 질문에 대한 올바른 대답을 분명히 제시한다는 이유만으로 그 사람이 어떤 언어를 '이해한다는' 점을 신뢰하고 받아들일 마음이 별로 없다 할지라도 이를 받아들이지 않는 일이 명백히 합리적이지 않다는 사실이다. 철학 세미나나 그와 유사한 토론에 참석해 본 사람이면 누구나 알듯이, 정말 필요하고 높은 평가를 받는 바는 어떤 문제에 대한 우리 자신의 견해를 제시하는 일이 아니라 오히려 다른 사람들의 견해와 그에 대한 논평을 적절하게 재구성하는 일이다.

이런 간접적인 기여를 하는 철학자들에게 왜 당신들은 '제대로 이해하지 못한다'고 말해야 하는가? 교양 없고 거만한 사람이나 이런 말을 지껄인다고 설 교수에게 전하고 싶다.

다행히도 최소한 이른바 '냉혹한 방' 실험이 계속되는 한, 탐구자들이 또 다른 해석을 얼마든지 선택할 수 있으리라 생각한다. 이런 해석들은 실험에 참가하는 사람이 언제쯤 지쳐서 포기하는지를 기다리면서 계속 우리를 지켜보는지도 모른다. 어떤 경우든 지쳐 포기하는 사람은 결코 철학을 제대로 이해하지 못한다는 점만은 분명하다.

나름대로의 시공간을 따라
항해하는 살바티우스의 배

특별히 필요한 준비물 : 어항과 편리한 여객선 서비스

·이번에는 살바티우스(Salvatius)가 실험을 설명한다.

커다란 배의 갑판 아래 있는 일등 선실에서 친구들과 그만 떠들고 이제 거기서 파리나 나비, 작고 날아다니는 다른 곤충들을 좀 잡아보게. 그리고 큰 어항에 물을 채우고 물고기 몇 마리를 그 안에 넣게. 또한 물병을 매달아 물이 그 아래 놓인 넓은 접시로 방울방울 떨어지도록 해놓게.

배가 가만히 서 있을 때 이 작은 곤충들이 동일한 속도로 선실의 여기저기를 어떻게 날아다니는지 주의 깊게 잘 보아두게. 어항 안의 물고기들도 아무렇게나 모든 방향으로 헤엄 치고, 물방울은 아래에 놓인 접시로 떨어지네. 그리고 자네 친구들에게 무언가를 던질 때 어떤 한 방향에 있는 친구에게만 더욱 강하게 던질 필요가 없네. 친구들은 모두 자네로부터 같은 거리만큼 떨어져 앉아있기 때문이지. 그리고 자네가 두 발을 모으고 뛴다면 자네는 어느 방향으로든 같은 거리만큼만 이동할 수 있네.

자네가 이런 모든 것들을 주의 깊게 관찰하였다면(배가 가만히 서 있을 때 모든 일이 이런 방식으로 일어나야 한다는 점에는 조금도 의심의 여지가 없네) 이제 배를 자네가 원하는 어떤 속도로든 나아가도록 하게. 단 배의 움직임은 일정해야 하며 이쪽저쪽 제멋대로 움직여서는 안 되네. 자네는 위에서 언급한 모든 현상들 중에 최소한의 어떤 변화도 일으켜서는 안 되며, 다른 어느 누구에게도 배가 움직이는지 가만히 서 있는지 말해서도 안 되네. 두 발을 모으고 뛰더라도 반드시 이전과 같은 거리만큼만 이동해야하네. 특히 배가 매우 빠르게 움직인다 할지라도 뱃머리 쪽으로 뛸 때보다 배 뒷부분 쪽으로 뛸 때 더 크게 뛰어서는 안 되네. 설령 이렇게 뛰면서 자네가 공중에 떠 있는 동안 선실 바닥이 자네가 뛴 것과는 반대 방향으로 움직인다고 해도 말일세. 또 친구들에게 무언가를 던질 때도 어떤 친구가 뱃머리 쪽이 있는지 아니면 배 뒷부분 쪽에 있는지에 따라 더 강하게 또는 약하게 던져서도 안 되네.

또한 병에서 떨어지는 작은 물방울은 배 뒷부분 쪽으로 떨어지지 않고 이전과 똑같이 아래에 놓인 넓은 접시로 바로 떨어질 것이네. 비록 물방울이 공중에 있는 동안 배가 몇 뼘만큼 앞으로 나간다고 해도 그럴 것이네. 어항의 물고기들 또한 어항의 앞부분 쪽으로 헤엄친다고 해서 뒷부분 쪽으로 헤엄칠 때보다 더 힘이 들지는 않을 거고, 여전히 먹이를 놓아둔 어항의 가장자리 어디로든 쉽게 헤엄쳐 갈 수 있을 걸세. 마지막으로 나비와 파리들도 모든 방향으로 마음대로 계속 날아다닐 것이며, 마치 자신들이 공중에 계속 떠 있음으로써 오랫동안 배와 분리되어 배의 진행 방향에 거슬러 날아다니기에 지쳤다는 듯이 이들 모두가 배의 뒷부분 쪽으로 한데 몰리는 일은 결코 일어나지 않을 걸세 …

사그레두스(Sagredus) : 내가 항해하는 동안 자네가 지적한 바들을 실제로 관찰해본 일은 없지만 자네가 설명한 대로 모든 일이 일어나리라는 점은 확신하네. 사실 나도 선실에 앉아 지금 배가 움직이는지 아니면 가만히 서 있는지를 생각해본 기억이 나네. 때로는 배가 어떤 방향으로 가고 있는데 나는 배가 그와는 정반대 방향으로 가고 있다고 생각한 적도 있네 …

- 갈릴레오, 《두 가지 주요 세계 체계에 관한 대화》(*Dialogues Concerning the Two Chief World Systems*), 1632

하지만 살바티우스의 작은 물고기들은 과연 무엇을 증명하기 위함인가?

논 의 할 내 용

갈릴레오의 《두 가지 주요 세계 체계에 관한 대화》에 등장하는 이러한 배 실험의 목적은 이 지구가 진정으로 우주에서 자신의 축을 중심으로 매우 빠르게 회전하는 구체라 할지라도 왜 우리는 그 사실을 인식할 수 없는지를 설명하려는 것이다. 1632년 당시에 우리가 해의 둘레를 빠르게 도는 바위 덩어리 위에 살고 있다는 생각을 받아들이기는 몹시 어려웠으며, 이제는 일상적으로 경험할 수 있는 어떤 한 방향에로의 안정적이고 지속적인 운동 또한 (차를 탔을 때는 그렇지 않지만 기차를 타면 쉽게 경험할 수 있는) 당시에는 매우 드문 일이었다.

고대의 천문학자, 지리학자이며 수학자이기도 한 프톨레마이오스의 사고 실험은 가톨릭 교회 덕분에 여전히 큰 영향력을 발휘하고 있었다. '프톨레마이오스의 체계'를 옹호하고 지구가 진정으로 움직이지 않으면서 우주의 중심에 위치한다는 주장을 증명하기 위하여 마련된 다양한 논증들 중 가장 간단한 것은 모든 물체가 우주의 중심을 향하여 낙하하기 때문에 지구는 그

곳에 고정되어 있어야 한다는 주장이었다. 그렇지 않다면 우리가 무언가를 떨어뜨렸을 때 그 물체가 지구의 중심을 향하여 낙하하는 현상을 볼 수 없을 것이다. 마찬가지로 만일 지구가 자신의 축을 중심으로 매일 자전한다면 위쪽 수직 방향으로 던진 공은 원래의 같은 자리에 떨어지지 않고 조금 이동된 자리에 떨어져야 한다.

하지만 '배 실험'은 '일정한 수평 운동'이 실험 공간의 '특정한 어떤 부분'에 아무런 영향도 미치지 않음을 보여주며, 이는 또한 우리가 일상적인 감각적 지각을 통하여 경험하는 바와도 일치한다. 오직 특정한 구조의 밖으로 벗어날 경우에만 그 구조의 운동을 측정할 수 있다. 예를 들면 배의 운동을 탐지하려면 멀리 떨어진 절벽에 난 창을 통해서나 아니면 태양에서 배를 바라보아야 한다. 지구 자체의 운동을 파악하려면 밤하늘과 별들의 운동을 관찰하여야 한다(물론 절벽에서의 관찰은 두려운 일일 수 있으며 또한 별들도 맑고 투명한 우주에서 자전한다).

다른 많은 물리학자들이 우주의 본질을 쉽게 직관적으로 파악하기 위하여 이 사고실험을 다양하게 유사한 형태로 변형하여 거듭 제시하였다. 이 실험은 아리스토텔레스의 또 다른 그릇된 공리, 이른바 '절대정지'의 결함을 지적하는 계기를 제공하였으며, 뉴턴이 무척 즐겨 사용했던 '절대공간'이라는 만병통치약의 효력을 크게 약화시키기도 하였다. 이 결과 '등가의 원리'라는 훨씬 유용한 개념이 물리학에 도입되었다. 후에 호이헨스(Christian Huygens, 1629~95)는 '물체의 충돌'에 관한 자신의 이론을 개선하는 데 이 실험을 사용하였으며, 캐럴(Lewis Carroll)은 낙하하는 집 안에서 차를 마시기가 어렵다는 점을 지적함으로써 (이는 당연한데) 자신이 몇 년 후 제시할 유명한 '낙하하는 승강기' 사고실험을 예견하였다. 아인슈타인이 '관성 좌표계'와 '상대적 운동'의 개념을 발전시켜 최초로 본격적인 상대성 이론에 도입한 계기도 바로 이 실험을 통하여 마련되었다(배가 '가만히 서 있는' 경우나 '운동이 일정한 한도 내에서 어떤 속도로든 움직이는' 경우 모두에 있어 배의 선실은 일종의 관성 좌표계로서 판단의 기준을 제공한다).

1907년 아인슈타인은 이와 동일한 원리를 천천히 속도를 높여가는 우주선에 확대 적용함으로써 마찬가지 방식으로 일정한 가속도로 미는 현상과 중력이 끌어당기는 현상을 서로 구별할 수 없다는 점을 보였다. 그리고 이를 통하여 일반 상대성 이론에 도달하였다.

이 모두는 단지 물고기를 지켜보는 일에서 시작되었다!

시간여행을 하는 쌍둥이

특별히 필요한 준비물 : 우주선

자신의 공상과학 소설 중 한 편에서 웰스(H. G. Wells)는 거실 안에 장치된 타임머신에 앉아 해가 매우 빠르게 계속해서 뜨고 지는 경이로운 모습을 지켜보고, 그 다음에는 정원에 있는 나무의 잎들이 떨어졌다가 다시 돋아나는 놀라운 장면을 바라보다가 결국 (타임머신이 연기를 내뿜고 심하게 진동하는 바람에) 먼 미래에 도달하지 못하는 빅토리아 여왕 시대의 발명가를 상상하여 묘사하였다. 타임머신이 다소 흔들렸을지는 몰라도 완전히 망가지지는 않았다고 말할 수 있으리라.

유감스럽게도 현재의 과학기술이 허락하는 한에서 타임머신은 불가능하다. 하지만 시간여행이라는 생각 자체는 결코 시대에 뒤떨어진 것이 아니며 오늘날에도 여전히 매우 중요한 문제이다. 현재 유행하듯이 물리적 세계를 수학적으로 기술하려는 시도, 예를 들면 아인슈타인의 상대성 이론은 시간여행의―미래와 과거 모두에로의―가능성을 포함하고 있다. 우주는 이런 가능성을 허용한다. 단지 이를 실행하기가 어려울 뿐이다.

하지만 사고실험을 통하여 시간여행을 하기는 어렵지 않다. 앞서 언급한 웰스와 같은 사람들에게 실행 가능성은 문제가 되지 않는다. 가능성을 상상하기만 해도 충분하다.

가장 널리 알려진 상상 중의 하나는 시간여행을 하는 두 쌍둥이에 관한 것이다. 첫 번째 쌍둥이는 베이징의 우주비행 관제소에 남고, 두 번째 쌍둥이는 광속에 가깝게 비행하는 매우 빠른 우주선을 타고 켄타우루스 자리의 알파별(Alpha Centauri)로 날아갔다. [21] 쌍둥이들은 이별을 담담하게 받아들일 수밖에 없었으며, 남아있는 한 명은 다른 한 명이 돌아오기만을 기다렸다.

한편으로는 흥분되지만 다른 한편으로는 지루했던 20년 동안의 여행을 끝내고 마침내 우주선이 돌아와서 두 번째 쌍둥이가 내렸을 때 지상에 남았던 다른 쌍둥이는 어디서도 보이지 않았다. 이게 어찌된 영문인가? 얼마나 슬픈 일인가! 도착한 후 그가 들은 설명은 전혀 위안이 되지 않았다. 설명에 따르면 우주선은 오직 20년을 비행했고 따라서 두 번째 쌍둥이는 다시 지구로 돌아왔을 때 실제로 '오직' 20살을 더 먹었을 뿐이지만 지구에서는 훨씬 더 긴 시간이 흘렀다는 것이다. 첫 번째 쌍둥이는 이제 백발이 무성한 노인이 되어 두 번째 쌍둥이를 만나려면 우주선의 계단을 매우 천천히 걸어 올라야 한다.

이것이 바로 광속에 가깝게 비행한 결과를 보임으로써 상대성 이론을 쉽게 설명하였다고 각광을 받았던 '쌍둥이의 역설'이다. 또한 물리학자들은 원자시계 등을 통하여 이 역설의 결과가 상당한 설득력을 지닌다는 점을 보일 수 있다고 확신하였다(사실 이러한 시간 변이[time shift]는 실제로 '저궤

---

21 **역자주** 원문에는 두 번째 쌍둥이(Twin Two)가 지상에 남고, 첫 번째 쌍둥이(Twin One)가 우주선을 탔다고 되어 있지만 아래의 설명에서는 계속 두 번째 쌍둥이가 우주여행을 한 것으로 묘사된다. 지은이의 분명한 착각으로 보인다. 큰 상관은 없는 사소한 문제이므로 옮긴이가 이 대목을 수정하였다.

도' 위성을 조종하는 데 중요한 요소이다).

하지만 광속에 가깝게 비행하는 일이 실제로는 불가능하다는 사실을 받아들이는 정도에 그치지 않고 더 나아가 다음과 같은 상상을 해볼 수 있다. 이제 두 번째 쌍둥이는 가장 가까운 별로 비행하였던 자신의 결정을 후회하면서 바로 우주비행 시설 안에 마련된 '시간여행 장치'로(이 장치는 그가 우주여행을 하는 동안에 발명되었는데) 걸어 들어갔다. 그는 과거로 돌아가기로 마음먹고 함께 시간여행을 떠나자고 첫 번째 쌍둥이를 설득한 후 숫자 판을 101년 전으로 맞추었다. 윙, 윙, 윙! (장치가 운행되자 별이 빛나는 밤이 거꾸로 새벽이 되고 해가 다시 떠오르는 일이 빠르게 반복되었으며 눈이 내렸다가 사라지기도 하다가, 마침내 우주 비행 시설 자체도 완전히 사라지고 꽃이 핀 넓은 들판이 되었다.) 두 번째 쌍둥이는 시간여행 장치에서 내려 가장 가까운 도로 쪽으로 갔는데 마침 차 한 대가 달려오는 것을 보고 신호를 보내 차를 세우려고 서둘러 걸었다. 그런데 기묘한 우연의 일치로 그 차를 운전하는 사람은 방금 두 번째 쌍둥이가 타고 온 시간여행 장치를 몇 년 후에 발명하기로 예정되어 있는 바로 그 얼빠진 교수였다.

그 교수는 머리가 좋다는 사실은 의심의 여지가 없지만 유감스럽게도 그리 조심성 있게 운전하는 편이 아니어서 (어쩌면 더욱 고차원의 문제를 생각하는 중이었는지도 모르지만) 두 번째 쌍둥이를 보고 깜짝 놀라 바로 도로에서 벗어나 나무를 들이박고 말았다. 이 결과 그 교수는 더 이상 아무 것도 발명하지 못하고 생을 마감하였다.

여기서 두 번째 쌍둥이를 혼란스럽게 만드는 질문은 최초의 장소에서 시간여행을 떠날 수 있도록 만들어준 교수를 죽인 사실에 대하여 시간여행자가 어떻게 책임을 질 수 있는가라는 것이다.

두 번째 쌍둥이는 이 문제를 접하고 가장 큰 혼란에 빠지게 된다. 왜냐하면 그는 어떻든 간에 시간여행자가 원인과 결과라는 양식을 결코 변형할 수 없다는 입장에 동의하기 때문이다. 그렇지 않다면 우주의 질서 자체가 완전히 허물어지고 말 것이다. 하지만 후에 결국 두 쌍둥이가 붙잡혔을 때 첫 번째 쌍둥이는 양 손바닥을 내보이고 어깨를 으쓱하면서 자신들과 관련된 사건의 비논리성은 기껏해야 조금도 의심의 여지가 없는 직접적이고 명백한 모순만을 배제할 뿐이지 시간여행 전반을 부정하지는 않는다고 생각한다. 어쩌면 그 교수가 타임머신을 만드는 데 필요한 기술의 실마리를 이미 다른 사람에게 전했을 수도 있지 않은가 … ?

어쨌든 첫 번째 쌍둥이는 이 일로부터 얻은 교훈이 둘이 함께 켄타우루스자리의 알파 별로 여행을 떠났어야 했다는 것이 아니라 둘 모두 집에 머물러야 했다는 것이라고 생각한다. 이 둘 중 어떤 경우든 쌍둥이들은 타임머신을 탈 필요가 전혀 없었을 것이다. '하지만 나는 이미 타임머신을 타보았단 말이야!' 두 번째 쌍둥이가 화를 내며 크게 소리 지른다. 하지만 곧 잠잠해진다. 왜냐하면 이제 그들은 … 어떤 의미에서 아무 일도 하지 않은 것은 아닌가라고 … 곰곰이 생각을 시작했기 때문이다.

우주를 파악하려는
아인슈타인의 시도

특별히 필요한 준비물 : 바다 쪽으로 길게 뻗은 부두, 파도

어린 소년 시절부터 아인슈타인은 전자기파 복사 작용의 본질에 관하여 곰곰이 생각하기를 즐겼다(이는 다소 기이하게 보이지만 우리도 한때 그랬을지 모른다. 더욱 염려스러운 일은 그가 이런 생각에서 벗어나지 못했다는 점이다). 특히 그는 우리가 광선과 같은 속도로 빨리 달릴 수 있다면 무슨 일이 일어날지 궁금해 하였다.

이런 상상을 돕기 위하여 그는 말하자면 물살을 가르며 달리는 쾌속정이 만들어낸 큰 파도가 해안으로 밀려들듯이, 바다 쪽으로 길게 뻗은 부두의 맨 끝에서 해안 쪽으로 달리는 일을 생각해보곤 했다. 이제 그는 만일 자신이 밀려드는 파도와 정확하게 동일한 속도로 부두를 따라 뛴다면 자신에게 파도는 물 안에 고정된 혹처럼 보일 것이라는 사실을 깨달았다.

바다의 파도는 쾌속정으로부터 해안으로 밀려들지만 실제로 바닷물이 이동하지는 않는다. 바닷물은 (대체로) 항상 같은 자리에 그대로 있다. 광선은 우주의 '전자기파' 바다를 여행하는 일종의 파도와 같다. 따라서 아인슈타인은 우리가 광선과 같은 속도로 여행한다면 광선은 어떻게 보일지를 궁금해 하였다.

그렇다면 광선은 마치 고정된 듯이 보일 것인가?

논 의 할   내 용

하지만 빛에 있어, 사실상 다른 어떤 '전자기파' 모두에 있어 변화는 본질적 요소이다. 또 다른 맥스웰(Maxwell)의 이론에 따르면 자기장에서 일어나는 이 변화는 전기장에서의 변화를 일으키며, 전기장에서의 변화는 다시 자력을 발생시킨다. 어떤 전자파는 자기장을 형성하며, 이 자기장은 전자장을 형성하고 이 전자장은 다시 … 전자기장을 여행하는 전자기파의 순간 속도는 1초에 186,000 마일(300,000 킬로미터)에 이르는데, 이것이 항상 전기적 상태와 자기적 상태를 오가는 현상이 바로 우리에게 '빛'이라고 알려진 바이다. 그렇다면 '운동하지 않는' 광선과 같은 것이 어떻게 존재할 수 있는가?

아인슈타인은 광선이 고정된 듯이 보인다면 더 이상 광선으로 존재할 수 없다고 주장하였다. 경험적 증거에, 아니 오히려 물리학자들이 상식으로 받아들이는 바에 의지하여 아인슈타인은 어느 누구도 '공간상에서 진동하는 전자기장이 정지된 상태'를 발견한 적이 없다고 말하였다(이런 상태를 발견하려고 온갖 곳을 다 누비고 다녔지만 나도 나의 개도 단 한 번도 보지 못하였다). 후에 아인슈타인은 다음과 같이 썼다.

〔지구를 기준으로 하여 빛의 속도로 여행하는〕 관찰자의 관점에서 판단하더라도 지구를 기준으로 하여 정지해있는 관찰자에게 적용되는 것과 정확히 동일한 법칙에 따라 모든 일이 발생하여야 한다는 점은 애초부터 직관적으로 명백하다고 나는 생각하였다. 그렇지 않다면 첫 번째 관찰자가 자신이 매우 빠르게 일정한 속도로 운동하는 상태에 있다는 점을 어떻게 알 수 (바꾸어 말하면 규정할 수) 있겠는가?

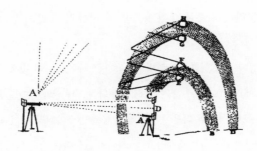

그림 11 광파를 해명하는 아인슈타인

바로 여기서 특수 상대성 이론의 실마리가 등장한다. 이전의 낡은 이론에는 특수한 요소가 별로 없었음을 떠올려보라. 아인슈타인은 원래 자신의 논문에 '운동하는 물체의 전기역학'이라는 훨씬 더 상식적인 제목을 붙였지만 어떤 이유에선지 특수 상대성 이론으로 알려지게 되었다. 이 논문은 또 다른 더욱 전문적인 수준의 사고실험과 더불어 시작되는데, 이는 전기역학이—열과 빛, 자기(磁氣)에 관한 탐구가— '절대정지'를 불필요하게 만든다는 점을 보이기 위하여 고안되었다. 그런데 이 '절대정지'와 관련된 이론은 우리가 앞에서 살펴보았던 뉴턴의 양동이 사고실험에서 결론을 내리지 않은 채 남겨두었던 바이기도 하다.

자신의 실험에서 아인슈타인은 각각에 대하여 상대적으로 운동하는 자석과 용수철을 상상한다. 이렇게 하면 용수철에 전류가 흐르게 된다(빛의 속도로 여행하는 일과는 달리 이 실험은 집에서도 얼마든지 할 수 있다). 그런 후에 우선 아인슈타인은 용수철이 운동하며 자석은 '절대적' 정지 상태에 있는 경우를 상상한다. 훌륭하기는 하지만 다소 한 말을 되풀이하는 사회자처럼 그는 이렇게 함으로써 용수철에 전류가 흐르게 된다고 지적한다. 그 다음 사고실험의 후반부에서는 용수철을 고정시키고 자석을 움직이게 한다. 하지만 이렇게 하더라도 똑같이 용수철에 전류가 흐르게 된다.

이런 종류의 예들은 '빛의 매질'에 [공간을 채우고 있어 빛을 '전도한다고' 여겨지는 이른바 에테르(aether) 같은 것에] 좌우되는 지구상의 어떤 운동이라도 발견하려는 성공하지 못한 시도와 더불어 역학적 현상뿐만이 아니라 전기역학적 현상도 절대적 지속의 관념에 대응하는 속성을 전혀 지니지 않는다는 점을 암시한다.

이와는 달리 특수 상대성 이론의 첫 번째 규칙은 빛의 속도는 모든 관찰자에 대하여, 이들이 광원을 기준으로 어떤 운동을 하는가와 전혀 무관하게, 동일하다는 것이다. '살바티우스의 배'에서도 등장하였던 두 번째 규칙은 어느 누구든 (다른 중력이나 가속도의 영향을 전혀 받지 않는 한) 동일한 물리적 법칙을 관찰할 수밖에 없다는 것이다. 이 두 규칙에서 드러난 생각을 결합함으로써 아인슈타인은 이런 일이 발생할 수 있는 유일한 경우는 시간과 공간 자체가 변화할 때뿐이라는 점을 보였다. 물론 이런 경우는 우리의 일상적인 경험에서는 쉽게 찾아볼 수 없지만 매우 드문 상황에서 발생하는 사건들을 설명하는 데 성공적으로 활용된다. 예를 들면 (스무 번째 사고실험에서 등장했던 바처럼) 과학자들은 매우 빠른 속도로 비행하는 제트기에 실려 있는 원자시계는 비행장에 남겨진 원자시계보다 훨씬 천천히 간다는 점을 보였다. 또한 일식 중에 천문학자들은 해의 중력 때문에 별빛이 '굽어지는' 현상을 발견하였다.

이런 경우 물체는 에너지와 상호작용을 하는데, 이 사실은 공간과 시간의 상대성을 보인 아인슈타인의 발견으로부터 도출된 또 다른 중요한 결론이기도 하다. 아인슈타인의 유명한 등식 $E = mc^2$ 에서 드러나듯이 물체와 에너지는 영원히 서로 관련된다. (이 등식에서 E는 에너지이며 m은 물체의 질량, c는 빛의 속도이다. 묘하게도 이 등식에 등장하는 세 문자는 내 이름의 첫 글자를 딴 것이다! 하지만 아인슈타인에게 이에 대한 대가를 청구할 생각은 전혀 없다).

바이올린 연주자를 둘러싼 난처한 상황

특별히 필요한 준비물 : 사용 가능한 병원 침대

톰슨(Judith Jarvis Thompson)은 다음과 같은 경우를 상상해보라고 제안한다. 길 가던 어떤 평범한 사람이 어느 날 아침 눈을 뜬 후 절망에 빠진 음악 애호가 협회 회원들이 자신을 납치하여 약을 먹이고 병원으로 데려왔다는 사실을 발견한다. 병원에서 협회 회원들은 이미 장기 기능이 정지된 유명한 바이올린 연주자와 자신들이 납치한 사람의 장기를 여러 관을 사용하여 연결해놓았다.

만일 이 관들을 끊어버린다면 바이올린 연주자는 죽을 수밖에 없다. 이 때 의사가 좋은 소식을 전해주는데 대략 9개월 정도만 이런 상태를 유지하면 바이올린 연주자가 회복되어 다시 자신의 장기만으로 살 수 있다고 한다.

여기서 만일 우리가 이런 불행을 당한 길 가던 사람의 입장에 놓인다면 과연 우리는 병원 침대에 누워 지내는 데 동의하겠는가라는 문제가 제기된다 …

아니면 연결된 관들을 모두 '제거해 달라고' 요구하고 우리 자신의 삶을 계속 살아가겠는가? 협회 사람들은 모두 물러서시오!

논의할 내용

이 예는 임신한 여성의 경우, 즉 임신한 후 자신의 의견보다는 아직 태어나지 않은 아이에 대한 의무가 선행한다는 말을 듣는 여성의 경우에 비유된다. 이는 '태아'가 사실상 한 인간인가 또는 최소한 '잠재적인 인간'인가 그렇지 않은가라는 측면에서, 더 나아가 모든 개인이 다른 사람의 생명을 구할 의무를 사실상 지니는가라는 또 다른 측면에서 많은 논의를 불러일으켰던 사고실험이다.

톰슨은 다른 사람을 구해야 한다는 일반적인 도덕적 의무가 성립한다는 점에는 동의하지만, 이런 의무를 절대적인 것으로 여기면서 이 의무야말로 이런 종류의 논의를 하는 궁극 목적이라고 주장하는 이른바 '생명권' 운동의 단순성에는 반대한다. 이 사고실험은 또한 바이올린 연주자의 '생명권'에 대한 다른 사람들의(음악 애호가 협회의) 판단이 자율적인 인간으로서 우리 자신이 지닌 권리를 침해할 경우 그들의 요구를 받아들이지 않을 수도 있음을 보여준다.

어떤 사람들은 이 사고실험이 '아직 태어나지 않은 아이'를(또는 정서적 요소를 배제하고 표현하면 '태아'를) 완전한 권리를 소유한 인간과 비교하였다는 점에서 오해의 소지가 있다고, 심지어 잘못 구성되었다고 말한다. 하지만 나는 이것이 한 측면을 배제함으로서 다른 측면에 집중할 수 있도록 만드는, 사고실험 기법이 지닌 매력 중의 하나라고 생각한다. 만일 우리가 납치되어 여러 관으로 바이올린 연주자와 연결된 후에도 그의 '옆에 누워 지내야 하는' 상황을 받아들이지 않을 수 있으며, 연주자 또한 이런 상황을 기대할 수 없다고 결정한다면 톰슨의 주장은 완성되며 이는 지금까지 더욱 난해한 근거에 기초하여 유지되어 왔던 바를 가장 강력하게 지지하는 근거를 형성한다. 반면에 바이올린 연주자가 우리의 간을 비롯한 다른 장기들을 9개월 동안 사용하겠다는 요구를 할 수 있다고 결정한다면 이를 바탕으로 자율성이 떨어지며 권리를 덜 지니는 듯한 다른 어떤 것과 (예컨대 대중가수나 … 희귀동물이나 … 철학자와) 우리가 연결된 경우를 고려해보고 이 경우에 어떤 차이가 생기는지 살펴보아야 한다.

다시 한 번 톰슨은 다음과 같이 변형된 예와 관련해서 납치된 길 가던 사람은 바이올린 연주자의 복지에 대하여 어떤 개인적인 책임도 없다는 주장을 검토한다. 즉 이 경우는 강간의 희생자가 강간범의 아이를 낳아야 한다는 요구를 받는 경우와 비교된다는 것이다. 실제로 몇몇 사람들은 임신의 '위험'을 받아들이는 여성은 그렇게 함으로써 태어나지 않은 아이에 대한 의무까지도 받아들여야만 한다고 말하기도 한다. 하지만 이런 논의가 임신 가능성에 대한 여성의 기대와 태도로 옮겨지면 위의 사고실험은 새로운 논점을 형성한다.

이 실험의 여러 변수들을 설정하면서 톰슨은 태아의 생명권을 인정하지만 그 생명을 지속할 수 있는 폭넓은 권리는 부정한다. 그 대신에 이 실험은 태아에게 생명 유지 장치를 계속 제공할 것인가 그렇게 하지 않을 것인가를 결정함에 있어 임신한 여성 자신만이 유일하게 권리를 지닌다는 점을 보여준다. 태아는 (바이올린 연주자는) ─심지어 국가는 (음악 애호가 협회는) 더욱더─그것을 여성에게 요구할 권리가 없다.

비트겐슈타인의 딱정벌레

특별히 필요한 준비물 : 성냥갑 (비어있어도 좋다)

비트겐슈타인은 이전부터 사고실험의 기법에 대하여 회의적인 태도를 보이기도 하였지만 이 탁월한 사고실험을 통하여 언어의 본질을 탐구하는 또 다른 방법을 제공한다. 우선 딱정벌레 한 마리가 천천히 이 책의 한 면을 가로질러 기어가면서 실험은 시작된다 …

… 모든 사람이 각자 상자를 하나씩 가지고 있는데, 그 안에는 우리가 '딱정벌레' 라고 부르는 무언가가 들어있다고 가정해보자. 아무도 다른 사람의 상자 안을 들여다 볼 수 없으며, 모든 사람이 오직 자신의 딱정벌레를 보고 자신은 딱정벌레가 무엇인지 안다고 말한다. 이 때 모든 사람이 각자의 상자 안에 서로 다른 무언가를 가지고 있는 경우가 얼마든지 일어날 수 있다. 심지어 상자 안에 들어있는 것이 계속 변화하는 일 도 충분히 상상할 수 있다. 그럼에도 불구하고 이 사람들의 언어에서 '딱정벌레' 라는 단어가 계속 사용된다면? 만일 그렇다면 이 단어는 어떤 사물의 명칭으로 사용되는 것

이 아니다. 상자 안의 사물은 이런 언어놀이(language-game)와 아무 상관이 없다. 어떤 무엇과도 아무 상관이 없다. 왜냐하면 상자는 비어있을 수도 있기 때문이다. 어느 누구도 상자 안의 사물을 통해서 무언가를 '나누어 가질 수' 없다. 상자 안의 사물은, 무엇이든 간에, 상쇄되어 없어진다.

— 《철학적 탐구》(*Philosophical Investigation*), 293절

비트겐슈타인의 딱정벌레는 사람들이 사실상 서로 다른 문제에 대하여, 더욱이 서로 전혀 다른 방식으로 논의하면서도 같은 단어를 사용하기 때문에 마치 같은 것에 대하여 논의하는 듯이 가정한다는 사실을 보이기 위하여 고안되었다. 이 실험에서 상자 안의 딱정벌레와 말하자면 '의식' 또는 누군가의 개인적인 '딱정벌레 상자'나 '머리' 안에 있는 '고통' 등에 대한 감각은 직접 대비된다. 누구나 이런 감각을 지닌다. 하지만 오직 자신만이 자신의 감각을 들여다볼 수 있으며, 다른 사람에게 '자신의 상자를 열어 보일 수는' 없다.

그림 12 비트겐슈타인의 별난 동물들

여기서 딱정벌레는 일반적으로 단어 또는 개념과 같은 것으로 간주된다. 또한 단어를 통해서 형성되는, 우리의 머리 안에 있는 개념과 세계에 존재하는 사물 사이의 연관성을 잘라버리는 것으로 여겨지기도 한다. 오늘날 수많

은 언어학자, 의사, 심리학자, 예술가, 예술 평론가 등은 이 딱정벌레가 의미와 언어 사이의 확고한 연결을 전제하는 전통적인 관점을 근본적으로 바꾸어 놓았다고 주장한다.

과연 이 딱정벌레는 실제로 그런 일을 하였는가?

논 의 할 내 용

다른 한편으로 이는 제시된 결론이 처음의 가정으로부터 도출되지 않는 듯이 보이기 때문에 단지 결점을 지닌 사고실험으로 간주되기도 한다. 만일 모든 사람이 은밀한 상자 안에 들어있는 딱정벌레를 한 마리씩 가지고 태어난다면 어떻게 되겠는가? 비트겐슈타인의 '딱정벌레 상자'를 이용하여 우리 자신의 사고실험을 한번 시도해보자.

어떤 섬에는 태어남과 동시에 누구에게나 성냥갑과 같은, 작은 '딱정벌레' 상자를 선물하는 전통이 있다. 이 상자는 매우 높은 가치를 지니며 동시에 매우 개인적인 물품이기도 하다. 어느 누구도 다른 사람의 상자를 열고 그 안에 무엇이 있는지 보려고 해서는 안 된다. 오직 자신의 작은 상자 안에 들어있는 것을 살펴보는 데 만족해야만 한다.

그러다 보니 어떤 상자 안에는 커다란 검은 딱정벌레가 살고, 다른 어떤 상자에는 현재 우리가 개미라고 부르는 작고 붉은 곤충이, 또 다른 상자에는 바퀴벌레가 산다. 그 섬에는 상자 안에 있는 것 말고는 다른 딱정벌레나 개미, 물론 바퀴벌레도 없으므로 어느 누구도 '봐, 저기 내 딱정벌레가 간다!' 고 외칠 일이 생기지 않는다. 또한 자신의 상자에 들어있는 내용물을 그리거나 사진 찍는 일은 (물론) 허용되지 않으므로 사람들은 오직 '자신의 딱정벌레'에 대하여 서로 이야기를 주고받음으로써만 의사소통을 할 수 있다.

하지만 이렇게 이야기를 주고받는 정도로도 충분히 비교가 가능하다. 어떤 사람은 딸기 같은 붉은 열매를 보고 '저것은 내 딱정벌레의 색깔이야'라고 말할지도 모른다. 다른 사람은 동전을 보고 '저것은 내 딱정벌레의 크기야'라고 말하며, 또 다른 사람은 허둥지둥 도망치는 거미를 보고 '저것은 내 딱정벌레처럼 움직여'라고 말한다. 시간이 흘러 딱정벌레의 완전한 모습에 대한 의사소통이 이루어지면 사람들의 상자 안에 있는 딱정벌레가 서로 크게 다르다는 사실이 명백히 드러나게 된다.

따라서 딱정벌레는 철학자나 심리학자 또 그 외의 많은 사람들이 주장하는 서로 다른 다양한 결론들을 전혀 지지하지 않는 듯이 보인다. 설령 어떤 결론에 도달하더라도 이는 언어와 의사소통의 안정성을 증명하는 데 더욱 적합할지도 모른다. 더 훌륭한 사고실험이라면 더 나은 논의를 불러일으켜야 마땅하다.[22]

하지만 다른 한편에서는 그렇지 않을지도 모른다.

---

[22] 딱정벌레 실험에 대해서는 후에 '실험 방법' 부분에서 더욱 상세히 논의할 예정이다.

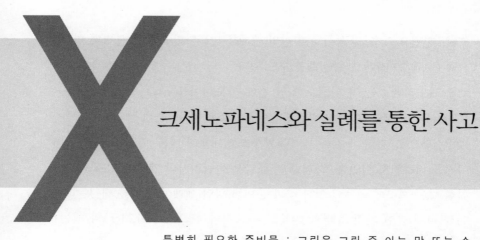

X 크세노파네스와 실례를 통한 사고

특별히 필요한 준비물 : 그림을 그릴 줄 아는 말 또는 소

호메로스(Homer)와 헤시오도스(Hesiod)는 인간이

부끄럽고 비난받을 만하다고 생각하는 모든 것을

즉 도둑질과 간통, 서로 속이는 행위를 신의 탓으로 돌렸다.

에티오피아(Ethiopia) 사람은 신들이 코가 낮고 피부가 검다고 말하며

트라키아(Thracia) 사람은 신들이 눈이 파랗고 머리카락이 붉다고 말한다.

만일 소와 말 그리고 사자에게 손이 있어

사람들처럼 손으로 그림을 그리고 무언가를 만들어낼 수 있다면

말은 말과 닮은 신을 그리며

소는 소와 닮은 신을 그릴 것이다.

각각은 자신의 모습과 닮은 신의 모습을 만들어낼 것이다.

－《단편》(*Fragments*), 11~16.

(다른 한편으로 '만일 동물들이 신의 존재를 믿는다면 악마는 분명히 인간과 같은 모습이리라' 고 풍자해볼 수도 있다.)

크세노파네스는 약 이천오백 년 전에 이오니아(Ionia) 지방의 콜로폰(Colophon)에서 태어나 기원전 6세기에 주로 활동하였는데 삶의 대부분을 방랑시인으로, 취한 채 시를 읊거나 제우스를 비롯한 다른 그리스 신들의 이야기를 전하면서 살았다. 하지만 결국 남부 이탈리아의 엘레아(Elea)에 정착한 그는 그곳에 최초의 철학 학파 중의 하나인 엘레아 학파를 세웠는데, 이 학파에 속한 가장 유명한 인물로 파르메니데스(Parmenides)와 제논(Zeno)을 들 수 있다.

크세노파네스는《자연에 관하여》(On Nature)로 알려진 긴 철학시를 통하여 몇 가지 중요한 점을 지적하였는데 작업 또한 엘레아에서 이루어졌다. 이 시에서 우선 그는 당시 그리스 종교의 주요한 가정에 도전하였는데, 이 때문에 그는 사형에 처해질 수도 있었다. (물론 소크라테스는 실제로 사형에 처해졌다.) 하지만 크세노파네스는 자신의 주장을 굽히고 계속 살아남은 듯하다. 두 번째로 그는 철학시를 통하여 새로운 논증 방식을, 즉 비교의 방법을 사용하였는데 이는 사람들이 만들어내는 신의 형상과 그들 자신의 특성 사이의 관계를 예증하는 방식으로 이루어진다.

크세노파네스는 모든 측면에서 자유로운 천상의 여러 신들이 아니라 오직 하나뿐인 영원한 신이 (되도록이면 둥근 구형을 띠는) 존재한다고 보았다. 신학자들은 바로 이를 통하여 크세노파네스가 서양 사상에 '일신론' 를 도입하였다고—모든 측면을 상세히 고려하지는 않았지만 최소한 초기의 원형적 형태로, 사고실험을 통하여 도입하였다고—생각한다.

하지만 다른 사람들은 크세노파네스의 신이 인간도 하나의 작은 부분으로 포함하는 전체 우주를 의미하므로 그는 일신론자라기보다는 오히려 범신

론자라고—어쩌면 무신론자일지도 모른다고—주장하기도 한다.

그건 그렇다 하더라도 그의 방법은 얼마나 과학적인가?

```
┌─────────────────────────────────────────────────┐
│                                                 │
│     논의할  내용                                  │
│                                                 │
└─────────────────────────────────────────────────┘
```

크세노파네스는 또한 물고기와 조개의 화석을 관찰한 후 이들이 발견된 땅은 과거 어느 시점에는 틀림없이 해수면 아래에 있었다는 결론을 내렸다고 전해진다. 이로부터 그는 물과 '원시 상태의 진흙'이 압축되어 이 세계가 형성되었을지도 모른다고 추측하였다. 더 나아가 그는 화석의 존재를 보고 세계가 땅과 물의 혼합물로부터 진화하며 현재의 땅도 점차 다시 용해되리라고 추측하였다. 그는 이미 지구가 수차례 이런 순환을 겪었다고 믿었다.

다른 기회에 그는 월식이 일어나는 동안 지구의 그림자가 달을 덮는 것을 관찰한 후 지구는 그 그림자와 동일한 형태임에—즉 완벽한 원형임에—틀림없다고 결론지었다. 따라서 지구는 엠페도클레스(Empedocles)나 아낙시메네스(Anaximenes)의 생각처럼 평평하지도 않고, 레우키포스(Leucippus)의 생각처럼 굵은 원통형도 아니며, 헤라클레이토스(Heracleitos)의 생각처럼 접시 모양도 아니며, 데모크리토스(Democritus)의 생각처럼 오목한 형태도 아니며, 아낙시만드로스(Anaximander)의 생각처럼 가는 원통형도 아니며, 심지어 크세노폰(Xenophon)의 가르침처럼 무한히 아래쪽으로 뻗어있지도 않다. 지구는 오직 완벽한 구형임에 틀림없다.

항상 술에 취해 있었음에도 불구하고 지금까지 남아있는 크세노파네스의 몇몇 단편들은 그가 놀랄 만큼 과학적인 동시에 회의적인 입장을 지녔음을 잘 보여준다. 하지만 그의 사상적 배경에는 탈레스(Thales)가 세운 이오니아의 밀레토스 학파가 있다. 탈레스는 기원전 585년에 일어난 일식을 예측하는 데 성공하여 유명해졌다(이를 통하여 전쟁을 멈추게 하였다). 다른 단편에서 크세노파네스는 다른 사람들이 이시스(Isis) 여신이 만든다고 생각한 무지개가 사실은 '주황색, 빨강색, 노르스름한 초록색을 띠는 구름에 지나지 않는다'고 말한다. 또 다른 곳에서는 '사람들은 결코 확실한 지식이 아니라 단지 의견만을 지닐 수 있으며' 계속 탐구하여 더 많은 것을 이해한다 할지라도 이는 '항상 지식에 이르지는 못한다'고 말한다.

신들은 우리에게 처음부터 모든 것을 밝혀주지 않았으며,

시간이 흐르고 탐구해나가면서 우리는 더 나은 것을 발견하였다.

하지만 어느 누구도 확실한 진리를 알지 못하였으며

앞으로도 알지 못할 것이다. 신들에 대해서도 마찬가지이다.

내가 말하는 모든 것에 대해서도 또한 마찬가지이다.

누군가가 우연히 완벽한 진리를 말한다 해도

그 자신 또한 그것을 알지 못한다.

모든 것은 단지 서로 연결되어 형성된 의견에 지나지 않는다.

- 크세노파네스, 기원전 570~470경

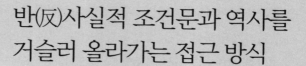

반(反)사실적 조건문과 역사를 거슬러 올라가는 접근 방식

특별히 필요한 준비물 : 한 무더기 여분의 못들

중국의 만리장성은 고대 세계의 불가사의 중 하나인데, '잠자는 용'이 느슨하게 똬리를 틀고 한쪽 끝에서 멀리 떨어진 다른 쪽 끝까지 누워있는 모습을 보인다. 만리장성은 우주 공간에서도 보인다고 하며, 만일 당시 성을 쌓는 일반적인 규모로 쌓았다면 적도를 한 바퀴 도는 성을 쌓을 만큼 많은 돌이 들었다고도 한다.

그런데 만일 중국인들이 만리장성을 쌓지 않았다면 어떻게 되었을까?

만리장성을 쌓는 일은 상상하기 어려울 정도의 대규모 사업이었으며, 금전적인 측면에서 본다면 아마 2차대전 이후 미국이 무기를 사재는 데 쓴 만큼의 돈이 들었을 것이다. (어쩌면 이런 종류의 언급을 하는 우익 역사가를 상상할 수 있으리라.) 즉 만리장성을 쌓는 편보다는 쌓지 않는 편이 훨씬 더 자연스러운 일이었다.

하지만 중국 최초의 황제인 진시황(秦始皇)은 기원전 3세기에 '중국'

(Middle Kingdom)을 통일하기 위한 방편으로 만리장성을 쌓기 시작하였다. 이 때문에 그는 거의 파산 지경에 이르렀지만, 뒤이은 중국의 통치자들은 훈족을 방어하고 중요한 교역로였던 전설적인 비단길(Silk Road)의 요충지를 지키기 위하여 성을 계속 확장하였다. 지금 남아있는 만리장성 대부분은 진시황 시대보다 훨씬 이후인 명 왕조(1368~1644) 때 피에 굶주린 몽골족의 침략을 막기 위하여 건설된 것이다.

만리장성이 적들의 침략을 매우 성공적으로 막았음을 보여주는 문헌상의 증거들이, 즉 많은 침략을 성공적으로 격퇴한 내용을 기록한 문헌들이 있다. 성의 수비군이 국경의 요새를 잃거나 점령당하는 일은 일어나지 않았다. 동시에 중국의 중앙정부가 약할 때는 오히려 지방 귀족들과 수비군 자체가 중앙정부를 침략하기도 하였는데 이런 시도가 성공한 경우를 최소한 두 번은 꼽을 수 있다.

만일 만리장성이 없었더라면 중국의 문화와 과학적 발명이 그토록 번성할 수는 없었을 듯하다. 또한 서구인들이 만리장성을 무시하고 중국을 침략하였더라면 이는 곧 후에 그들이 뻔뻔스럽게 약탈해간 중국의 지적인 유산이 성립할 수 없었음을 의미한다.

쇠로 만든 쟁기, 최초의 편리한 마구(말을 탈 때 발을 얹어놓는 등자), 놀랄 만큼 효과적인 파종기 등의 실용적인 발명품은 모두 중국인이 만들어내었다. 뒤이어 쇠사슬에 양동이를 달아 물을 퍼올리는 장치, 현수교, 벨트를 이용한 동력 전달 장치, 증기기관의 핵심적 요소들이 속속 등장하였다. 최초의 태엽 장치 시계, 배의 키, 방수가 되는 방, (더욱 잘 알려진 것으로) 나침반, 종이, 화약 등이 중국에서 처음 발명되었음은 더 이상 말할 필요조차 없다. 이런 실용적 발명품뿐만 아니라 천문학, 의학, 인쇄술, 수학 마지막으로 철학에서의(철학을 마지막에 언급하였지만 철학이 가장 작은 의미를 지닌다는 뜻은 결코 아니다) 이론적 성취 또한 대단하였음을 잊어서는 안 된다.

만리장성이 없었더라면 야만적인 약탈자들이 계속 중국 국경을 침범하고 마을과 도시를 초토화함으로써 중국의 문화를 북쪽 시베리아 초원 수준으로, 그저 죽은 적들의 머리로 하는 폴로 경기를 가장 대단하게 여기는 수준으로 끌어내리지 않았겠는가?

더욱 충격적일지 모르지만, 만리장성이 없었더라면 고대 그리스와 서양철학 또한 결코 번성할 수 없었던 것은 아닐까?

논 의 할   내 용

역사는 상상의 나래를 펴기 위한 풍부한 근거를 제공한다는 점이 증명되었다. 이 상상에는 사실을 창조적으로 해석하기 위하여, 심지어 끊어진 고리를 연결하기 위하여 역사가가 시도하는 은밀한 상상뿐만이 아니라 요즘 크게 유행하는, 새로운 서사적 이야기를 구성하기 위한 '문학적' 훈련에 필요한 상상까지도 포함된다. 하지만 (우리에게) 가장 흥미로운, 동시에 어쩌면 가장 조직적인 듯이 보이는 상상의 형태는 바로 역사와 관련된 반사실적 조건문이다.

이는 실제로 일어날 필요가 없었던 일들에 일종의 사실적 지위를 부여함으로써 이야기를 전개하는 방식을 취한다. 즉 일어날 수도 있었던 일들을 다루는 것이다. 만일 그리스인들이 마라톤 전투에서 패배하였다면 어떻게 되었을까? 만일 히틀러가 2차대전에서 승리하였다면? 만일 인류가 육류에 대하여 알레르기 반응을 보였다면? 또는 20세기 사회주의 실험이 성공을 거두었다면?

현대 철학자들은 명백히 불가능한 것과 대비되는 '가능한' 것은 무엇인가라는 미묘한 질문에 계속 관심을 보여 왔다. 그리고 많은 철학자들은 만일 무언가가 가능하다면 그것은 어떤 의미에서 이미 현존하는 세계의 일부라고 주장한다. 이와 동일한 주장을 정반대되는 측면에서 표현하여 몇몇 철학자는 '사실들'은 사람들이 만들어낸 것에 지나지 않으므로 이들이 어떤 특별한 지위를 지니지는 않는다고 말한다. 우리가 구별해 내어야 하고, 특히 역사에 관한 '반사실적 조건문'에서 피하여야 할 바는 오직 자기모순뿐이다.

예를 들어 경제학자들은 '무엇이 가능한가' 라는 질문을 경제의 다양한 안정적 상태를 확인하는 데 필요한 역동적인 것으로 해석한다. 마르크스(Marx)와 엥겔스(Engels)는 역사에는 어떤 유형이, 결코 벗어날 수 없는 어떤 유형이 존재한다는 가정에 기초하여 자신들의 '유물론'을 구성하였다. 1894년에 쓴 한 편지에서 엥겔스는 '우연적인 현상의 형태로 보완되는 필연성이 사회를 지배한다'고 말하였다. 오늘날 많은 사람들은 마르크스주의자들이 지녔던 꿈은 부정하면서도 역사적인 사건들의 연속에서 일종의 유형을—항상 '진보'로 표현되는—발견하려 한다(하지만 동시에 이런 '역사주의'를 내향성과 자기만족으로 보면서 비판하는, 루소[Jean-Jacques Rousseau]에서 포퍼[Karl Popper]에 이르는 중요한 상반되는 전통 또한 존재한다).

지리학자들도 예를 들어 얼음과 눈이 햇빛을 반사하여 대기권 밖으로 다시 내보내기 때문에 지구가 빙하시대로 되돌아가는 경향을 보인다고 말할 경우나 지구 전체의 기온 상승에 관하여 생각할 경우 이와 유사한 개념을 사용한다.

그렇다면 성공적인 반사실적 조건문의 기법은 기묘한 일을 가정하고 이로부터 마찬가지로 얼토당토않은 결론을 이끌어내는 것이 아니라, 기묘한 일을 가정하되 이로부터 일어날 가능성이 매우 높은 결론을 이끌어내는 것이다. 또한 여기에는 역사나 경제, 기후 변화 등에서 사소한 사건이 커다란 결과를 낳을 수도 있다는 생각이 포함된다. 상상력을 동원하여 반사실적 조건문을 다루다보면 우연히 일어난 사소한 일이 우리의 지성을 견고하게 만들며 세계의 영원한 질서를 발견하게 만드는 결과를 낳기도 한다는 사실을 깨닫는다.

말의 편자에 관한 허버트(George Herbert)의 소박한 시가 이런 접근 방식을 잘 보여준다.

> 못이 없어서 편자를 잃었네
> 편자가 없어서 말을 잃었네
> 말이 없어서 기마병을 잃었네
> 기마병이 없어서 전투에서 졌네
> 전투에서 져서 전쟁에 패했네
> 이 모두는 편자 못이 없어서 일어났네

이 시는 사소한 사건이 큰 결과를 낳음을 잘 보여주는 훌륭한 반사실적 조건문이라는 느낌이 든다. 맨 처음 일어나는 사소한 사건을 한 작가는 19세기 철도에서 볼 수 있었던 선로 연결 지렛대에─즉 역사라는 열차를 이 길로 또는 저 길로 덜컹거리며 달리도록 나누는─비유하기도 하였다. 이제 우리 자신의 '분기점', 즉 만리장성에 관한 '반사실적 조건문'에로 되돌아가 보

자. 만일 만리장성이 없었다면 과연 문명이 역사의 선로에서 탈선하고 말았겠는가?

이에 대하여 문명이 '탈선'하였기보다는 '지연'되었으리라고 말하고 싶다. 하지만 위대한 역사학자 중 한 사람인 토니(R. H. Tawny)는 역사가 항상 승리를 거둔 세력이 역사를 이끌어나가도록 만들며 패배하여 여러 사건들 안에 잠식된 세력의 근거는 아예 파묻어버리는 일종의 불가피성을 보이는 듯하다고 썼다. 이 말이 사실이라면 만리장성의 존재가 자신이 이룬 최고의 성취를 파괴하려 하는 인류의 성향을 가로막았다고 말할 수 있을 듯하다.

제논과 무한의 신비

특별히 필요한 준비물 : 사고실험에 관한 책

거북과 달리기 선수의 예로 유명한, 상식과 원자론에 도전하였던 철학자 제논(Zeno)은 최초의 위대한 사고실험자 중 한 사람이다.

누구나 다 알듯이 제논은 거북과 아킬레우스(Achilles) 사이의 경주를 상상하였다. 거북에게는 큰 아량을 베풀어 출발점과 결승점의 중간 지점에서 출발하도록 한다. 그렇다면 어쨌든 아킬레우스는 거북을 따라잡기에 앞서 거북이 출발한 지점까지 달려가야 한다. 그런데 거북의 걸음이 아무리 느리더라도 그 동안 거북은 분명히 조금 더 앞으로 나갈 것이다.

이제 거북과 아킬레우스 사이의 간격이 단지 몇 미터에 불과하지만 어쨌든 아킬레스는 다시 그만큼을 따라잡아야 한다. 아킬레우스가 거북이 있던 자리에 도착하면 그동안 거북은 다시 단지 몇 센티미터라도 앞으로 나갈 것이다. 이렇게 계속하면 거북과 아킬레우스 사이의 간격은 무한히 줄어든다 … 하지만 언뜻 보기에 아킬레우스는 결코 처음 둘 사이의 거리를 넘어서서 거북을 추월할 수 없는 듯하다.

하지만 이는 터무니없는 결론이다. 어쨌든 이 문제는 이미 해결되었다.

과연 해결되었는가?


```
논 의 할   내 용
```


이 경주는 수 세기에 걸쳐 많은 철학자들을 불안에 떨게 하였다. 아리스토텔레스는 사물을 이런 방식으로 아주 작은 부분까지 분할하는 전략을 거부하려 하였다. 그는 **공간**은 얼마든지 더욱 작은 부분으로 분할될 수 있지만, 시간은 유연한 연속체로 간주되어야 하므로 아킬레우스가 거북을 추월하는 바람직한 결론에 이를 수 있다고 생각하였다.

다른 철학자들은 수학에, 특히 수의 크기가 점점 줄어드는 한 무한급수의 총합은 유한수라고 말할 수 있는 능력에 호소하였다. 이 경주에서 아킬레우스는 거북을 따라잡기 위하여 처음에는 경주로의 반을, 그 다음에는 1/128을, 다시 그 다음에는 1/8192 …를 달려야 한다.[23] 최소한 수학적으로는 무한히 계속되는 이 수열의 총합은 결국 1보다 작으므로, 이 경주에서 아킬레우스는 사실상 전체 경주로의 3/4에 이르기도 전에 네 발 달린 경쟁자인 거

---

23 역자주 여기서 지은이는 거북의 속도가 아킬레우스의 1/64라고 가정한다. 따라서 아킬레우스가 경주로의 1/2를 달릴 동안 거북은 1/128만큼, 다시 아킬레우스가 그 1/128을 달릴 동안 거북은 (1/128)×(1/64)인 1/8192만큼 앞으로 나간다. 이럴 경우 거북과 아킬레우스가 만나는 곳은 출발점에서 32/65만큼 떨어진 지점이다.

26가지의 사고실험

북을 추월하여 앞으로 나아갈 가능성이 매우 크다. 하지만 이렇게 수학에 호소하는 동시에 얼마든지 거북과 운동선수 사이의 실제 경주에 호소할 수도 있다. 제논은 거북이 경주를 하기에 적합하지 않다는 사실을 이미 잘 알고 있었다―그는 무한과 분할가능성에 대한 상식적인 가정이 불합리한 결론에 이른다는 점을 강조하려 하였다. 그리고 그에 반대하는 사람들은 수학적으로 가능한 일은 논의의 출발점에서 채택할 수밖에 없는 가정 덕분에 확실해진다는 사실을 잊고 있다.

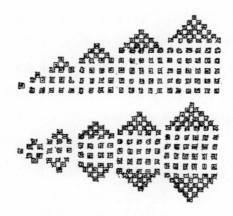

그림 13 무한까지 세어나가는 제논

제논이 제시한 문제는 거북을 따라잡기가 어렵다는 점이 아니라 우리의 상식과 공간, 시간, 무한 등의 가장 기본적인 개념이 그리 미덥지 못하다는 점을 보이기 위하여 고안되었다. 항상 그래왔듯이 이 점은 오늘날에도 여전히 사실이다.

제논의 문제는 우리를 다시 루크레티우스가 제기한 질문, 즉 그가 창을 던지면서 물었던 "우주 자체 '안에는' 과연 무엇이 있는가?"라는 질문으로 돌아가게 한다.

그리고 이 질문에 (이는 제논 자신이 제기한 것 중 하나이기도 한데) 답하기란 결코 쉽지 않다. 오늘날 이론물리학자들은 우리가 사실상 또는 실제로 무한한 우주에 산다고 여긴다. 이들은 '정보'가 전달되는 속도가 유한하다고 (즉 빛의 속도라고) 가정하기 때문에 이로부터 우리가 타원체와 유사한 일종의 '물담배통'(Hubble Bubble) 모양의 우주 안에, 즉 빛이 도달할 수 있는 거리에 의해서 한정되어 존재하는 소우주 안에 살고 있다는 결론이 도출되는 듯하다―우리가 사는 소우주는 또한 나름대로 물담배통 형태를 띠는 무한히 많은 다른 '병행 우주'(parallel universe)에 둘러싸여 있다.

이런 '다른 세계들'에서는 어떤 식으로 배열된 물체든 모두 존재할 수 있으며, 오직 존재의 가능성과 무한한 발생의 결과만으로도 사물이 얼마든지 존재할 수 있으리라고 생각된다. 물리학 교수인 테그마크(Max Tegmark)에 따르면 (그가 거실의 나무상자 안에서 아직 이런 병행 우주의 어떤 한 부분도 발견하지 못했다 할지라도 그는 그럴 수 있다는 사실은 분명히 인정한다.) 이런 병행 우주에서는 우리 자신과 정확하게 동일한 복제품이 이 책과 정확하게 동일한 복제품을 읽는 일도 일어날 수 있다―어떤 이유로 우리가 이야기의 맥락을 파악하지 못하여 아직 '갈릴레오에 관한 일곱 번째 사고실험' 근처의 어디쯤에서 헤매는 경우를 제외하면. (다행히 다른 우주에는 '마지막 사고실험'까지 모두 완전히 이해하여 만족스럽게 이미 책을 내려놓은 (녹색 머리카락을 지닌) 우리의 복제품이 있을지도 모른다.)

이런 생각은 (매우 엄밀한 관점에서 해석하지 않더라도) 그저 어리석은 이론으로 보일 뿐이다. 나는 차라리 거북이 경주에서 이기는 세계를 상상하고 싶다. 하지만 테그마크는 상식에 기초한 이런 비판을 두려워하지 않는다. 그는 가능한 모든 것이 항상 존재하는 이런 우주를 가정하는 일이 우리가 '그저 우연히 거기서 살게 된' 우주 따위를 만들어내기 위하여 복잡한 설명과 이론을 고안하는 편보다 실제로 훨씬 간단하다고 지적한다.

　어떤 의미에서 물리학은 완전히 순환하여 과거로 돌아간 모습을 보인다. 현대 물리학은 자신의 출발점이었던 철학과, 실재에 관한 '형이상학적' 입장과 다시 결합한다. 왜냐하면 어떤 물리학 이론들은 그 본성상 검증이 불가능하기 때문이다. 병행 우주는 틀림없이 영원히 숨겨진 것으로, 추론은 가능하지만 관찰은 불가능한 것으로 남을 듯하다. 만일 물체의 기본적인 본성 또한 관찰될 수 없다는 점이 밝혀진다면, 예를 들어 지극히 작은 소립자가 서로 충돌하여 현존하고 현존하지 않기를 영원히 반복함으로써 만들어내는 에너지의 파동이 아무 것도 없는 데서 단단함이라는 인상을 불러일으킨다면, 과학자와 철학자들이 (서로 다른 경로를 통해서) 그토록 오랫동안 찾아 헤매온, 하지만 계속 교묘히 학자들의 손을 빠져나갔던 이른바 '모든 것에 대한 이론' 은 모든 종류의 실험을 훨씬 뛰어넘는 것인지도 모른다—오직 사고 실험을 제외하고.

Note + %= & for' Experiment

사고실험에 대한 주석

실험 방법

실험실의 7가지 규칙

자, 이제 시작해보자. 지금까지 나는 사고실험 기법을 묘사한 나 자신의 그림을 그리면서 굵은 붓을 사용해왔다. 어떤 사람들은 내가 아예 빗자루를 사용하였다고 말할지도 모르지만 설령 그렇다 할지라도 최소한 사고실험의 다양한 근거는 분명히 제시하였다 … 지금까지 우리는 사고실험이 무엇이며, 어디서 발견되고, 어떻게 그리고 왜 사용되는지를 살펴보았다. 하지만 여전히 답해야 할 질문이 남았다. 무엇이 좋은 사고실험을 만드는가? 우리는 수많은 사고실험을 검토해 보았으므로 이제 결정을 내려 이 질문에 답하여야 한다.

나는 좋은 사고실험은 다음과 같은 요소를 포함해야 한다고 생각한다.

- 간단하고 바로 이해될 수 있어야 한다.
- 명료하고 실험 과정을 정밀하게 조사할 수 있어야 한다(결과를 얻기 위하여 은밀한 속임수에 의지하거나, 실험을 진행하기 위하여 얼토당토않은 가정을 슬쩍 포함시켜서는 안 된다).
- 그리고 일정한 결과를 낳아야 한다. 바꾸어 말하면 처음과 다른 결과를 낳지 않으면서 반복해서 행해질 수 있어야 한다.

169

(어쨌거나) 모든 실험이 지니는 중요한 특성 중의 하나는 결과를 산출하여야 한다는 점이다. 그리고 잘 구성된 실험에서는 명확한 결과가 산출된다. 바로 이런 이유 때문에 전통적인 실험은 다른 요소들을—즉 어떤 관련성을 숨기거나 잘못된 결과를 낳기도 하는 요소를—더욱 쉽게 제거하거나 배제할 수 있는 장소인 '실험실 안에서' 이루어진다. 그렇게 하지 않는다면 더 많은 실험이 필요하게 되는데, 최소한 '참된' 과학에서 이는 그리 바람직한 일이 아니다.

그렇다면 좋은 실험이 이루어지는 과정은 정밀하게 검사될 수 있어야 하며, 투명하고 논쟁의 여지가 없어야 한다. 사고실험자는 설령 실험 과정이 '반복 가능하다' 할지라도 반드시 구성 요소들에 주의를 기울여야 한다. 실험자가 채택하는 가정은 어떤 한 사람만이 또는 어떤 정신적 구조를 지닌 사람만이 받아들이는 특수한 것이어서는 안 된다. 이와 더불어 실험 과정은 정밀하게 검사되고 문서로 기록되어야 한다. 그렇게 하지 않으면 비판자들은 다른 요소나 다른 '변수'가 마음 안의 실험실에 슬며시 파고들도록 내버려 두어 결국 이들이 실험 결과에 상당한 영향을 미쳤다고 말할지도 모른다. 또한 비판자들은 실험의 가정이 부적절하거나 '오염되었다고' 불평할지도 모른다. 하지만 사고실험자는 바로 이런 종류의 것들을 명백히 밝히고, 토론하고, 정당화할 준비를 갖추어야 한다.

이런 측면에서 사고실험은 더욱 큰 의미를 지닌다. 사고실험은 때로 자신을 받아들이라고 요구하기도 하고, 미래에 재연될 실험이 자신에게 도전하는 것을 거부하기도 한다. 이것이 바로 모든 사고실험들 중 가장 뛰어난 사고실험이—이 책에서 일곱 번째로 소개된, 갈릴레오와 중력의 영향을 받는 쇠공 실험이—주장한 바였다. 적어도 내가 보기에는 이 책의 스물여섯 가지 사고실험들 중 갈릴레오의 실험이 가장 명확한, 사고실험의 '전형'이다.

이 실험은 앞에서 언급한 모든 요구를 충족시킨다. 이 실험은 간단하며 바로 이해되고, (두 물체를 탑 위로 들고 올라가 아래로 던지는 일을 누구나 상상할 수 있다.) 그 과정 또한 투명하다. 설령 여기에 어떤 숨겨진 가정이 있다 할지라도—몇몇 철학적 비판에도 불구하고—나는 이들을 '속임수'라고 부르지 않을 것이며 이는 '기묘하다'고 표현될 정도의 가정은 결코 아니다. 앞에서 살펴보았듯이 몇몇 철학자들은 '물체를 액체 중에서가 아니라 공기 중에서 떨어뜨려야 한다는 가정이 필요하다'거나 또는 지구의 중력장에서 일어나는 사소한 차이를 무시하였다는 등의 이유를 들어 실제로 갈릴레오의 실험에 반대하기도 하였지만 이런 비판자들은 어쩌면 자신이 생각하는 정도보다 과학을 덜 이해한다고 말할 수 있다. 최소한 이런 사람들을 제외한 우리 모두가 보기에 갈릴레오의 조건은 '확실하다.' 왜냐하면 미래의 실험자들이 상상할 수 있는 또 다른 어떤 '결과'도 불가능하기 때문이다. 일단 쇠공들이 서로 연결되기만 하면 논리적 전개 과정은 그 나름대로의 논리와 추진력, 설득력을 지니게 된다.

이제 갈릴레오의 쇠공 실험과 설의 규칙이 지배하는 방 실험(열여덟 번째 실험)을 비교해보자. 사고실험의 측면에서 그것은 감탄할 만큼 간략하며 바로 이해가능하다. 하지만 그 과정은 전혀 투명하지 않다. 사고실험을 의미 있게 만들기 위해서는 모든 종류의 '숨어있는 가정들'을 밝혀야만 한다. 용어의 범위와 용법, 의미, 기계적 장치와 언어 등에 관한 가정이 모두 분명히 드러나야 한다. 다소 놀랍게도 설의 실험에 대한 '반대 실험'은 무척 많은 반면 이에 동의하는 실험은 거의 없다. 어쩌면 실험실의 쓰레기통을 뒤져 (이 책의 스물여섯 가지 실험에 포함되지 않았던) 스트로슨의 '소리의 세계' 이야기를 다시 끄집어내야 할지도 모르겠다. 여기서 실험자는 (스트로슨 자신의 표현에 따르면) '특정한 소리의 공간적 위치가 계속 변화하는 지배-소리(master-sound)의 음조에 의해서 결정되는' 세계를 상상해보아야 한다. 우리는 이 세계에서 특정한 소리는 지배-소리의 어떤 음조와 함께 들리는가에 따라 그 위치가 규정된다는 점을 알게 된다(예를 들면 텔레비전의 리모콘을 잃어버렸는데 이것이 소파 뒤에서 삑삑거리는 경우와 유사하다고 생각된다). 이 실험은 어떤 '공간적' 기준을 사용하지 않고도 '위치'가 정의될 수 있음을 보이기 위하여 고안되었다.

이제 나는 이 사고실험이 (무척 탁월하기는 하지만) 사실상 위에서 제시한 세 검토 기준을 통과하지 못한다는 점을 집중해서 보이려 한다. 사실 이 실험은 충분히 받아들일 만큼 짧지만 (억지로 이해한다면 모를까) 바로 이해되지는 않는다. 특히 이런 결점을 드러내는 부분에는 매우 이상한 몇 가지 가정들이 숨어있다. 몇몇 비판자들이 불평하듯이 소리의 세계에서는 '지배-소리에 의해서' 규정되어 어떤 위치에 함께 존재하는 서로 다른 몇 가지 대상들을 구별하기 어려운 듯이 보이는 반면 (현실적인 사물의 세계에서는) 우리는 얼마든지 서로 다른 몇 가지 공간적 대상들을 함께 지각하고 이들에게 의미를 부여할 수 있다.

다른 비판자들은 이 실험에서 개별적인 '객관적 소리들'과 '객관적인 소리-진행 과정' 사이의 구별을 실험자가 받아들일 아무런 근거도 없다는 점을 들어 이 실험에 반대한다. 이들에 따르면 소리는 이 실험에서처럼 어떤 공간적 형태를 유지하면서 사방으로 퍼질 수 없다. 왜냐하면 소리는 지각의 측면에서 '제 2 성질'만을(지속성이나 크기 같은) 지닐 뿐, 영속적인 '제 1 성질'을(단단함이나, 데카르트를 제외한 모든 사람이 '연장성'이라는 말을 통하여 의미하는 바와 같은) 전혀 지니지 않기 때문이다 (이와 관련해서 데카르트는 일종의 소규모 사고실험을 하는데 그는 심지어 바위와 같은 대상도 단단함이나 연장성이 결여되어 여전히 '바위'임을 유지하면서도 묽은 옥 수수죽처럼 바닥에 퍼질 수 있다고 주장하였다). 비판자들의 지적에 따르면 소리의 세계에 몰래 끼어든 요소는 스트로슨 교수가 그 세계에 '지각적 개체들'을 설정하기에 앞서 이미 소리를 만들어내기 위하여 '영속적인 물리적 대상'을 은밀하게 도입하였다는 점이다.

솔직히 나는 이런 모든 논의가 무엇을 만들어내는지 잘 모르겠으며, 유감스럽게도 적절한 수준의 과학적 논의를 넘어서서 대부분 철학의 영역에 이르는 내용들에 나의 지적 능력이 미치지 못함을 고백하지 않을 수 없다. 하지만 사고실험의 매력 중 하나가 최소한 바로 이해될 수 있어야 한다는 점임은 분명하다. 그렇지 않은 사고실험은 자신의 목적을 성취하지 못한다. 한 마디 덧붙이면, 모호한 표현은 용서될지 몰라도 모호한 사고실험은 용서되지 않는다.

따라서 사고실험의 규칙 1

단순함을 유지하라

'소리의 세계' 같은 사고실험이 관심을 끄는 까닭은 단지 실험 자체가 이미 혼란스럽고 무질서하기 때문이다—어떤 결론을 도출하려는 논의를 시작하기도 전에 실험 자체가 이미 그렇다. '실재'에 관한, 더욱 정확하게는 '상상가능성'에 관한 논쟁을 한참 벌이다보면 이런 실험은 배제되기 시작한다. 왜냐하면 철학자들은 '상상할 수 없는' 것은, '둥근 사각형'이나 '이기심 없는 정치가'처럼, 필연적으로 존재할 수 없음을 너무나도 잘 알기 때문이다. 우리의 데카르트가 사고하는 사람이 없는 사고를 '상상할 수 없음'을, 따라서 사고하는 사람이 확실하게 존재해야만 함을 보이기 위하여 중세식의 난로 앞에 앉아 상당한 시간을 보낸 것도 바로 이 때문이다.

사고실험의 규칙 2

사고실험은 상상 가능해야만 한다

더욱 명확한 모습을 제시하고 더욱 강력한 인상을 불러일으킬수록 더욱 훌륭한 사고실험이다. 하지만 때로는 강력한 인상이 오해를 낳기도 한다. 비트겐슈타인의 딱정벌레를(스물세 번째 사고실험을) 예로 들어보자. 이 실험은 충분히 직선적이지만 (존재론적 회의 때문에 침식되어) 우리에게 어떤 길잡이도 되지 못한다. 이 실험은 말하자면 위의 세 기준 중 마지막 기준에 걸려 넘어진다. 하지만 비트겐슈타인의 이 유명한 사고실험을 다시 한 번 검토함으로써 현재 실제로 사용되는(또는 남용되는) 사고실험 기법들을 살펴보기로 하자.

비트겐슈타인의 딱정벌레와 불안정한 기초 위에 구성된 실험의 위험성

비트겐슈타인의 딱정벌레는 사람들이 사실상 서로 다른 문제에 대하여, 더욱이 서로 전혀 다른 방식으로 논의하면서도 같은 단어를 사용하기 때문에 마치 같은 것에 대하여 논의하는 듯이 가정한다는 사실을 보이기 위하여 고안되었다. 앞의 스물세 번째 실험에서 이미 살펴보았듯이 상자 안의 딱정벌레와 말하자면 '의식' 또는 누군가의 개인적인 '딱정벌레 상자'나 '머리' 안에 있는 '고통' 등에 대한 감각은 직접 대비된다. 누구나 이런 감각을 지닌다. 하지만 오직 자신만이 자신의 감각을 들여다볼 수 있으며, 다른 사람에게 '자신의 상자를 열어 보일 수는' 없다.

이제 최근 인터넷 사이트 www.bioethics.gov 에 오른 내용을 통해 우선 사회과학자가(심리학자가) 사고실험 기법을 어떻게 사용하는지 엿보기로 하자.

엘리엇 박사(Dr Elliott) : ('고통'과 같은 단어의 본성은 임의적임을 보이려 하면서) 나는 지금 일종의 사고실험을 하려고 하는데 이를 다시 한 번 설명 드리겠습니다. 이 실험은 비트겐슈타인에서 인용하였습니다. 내가 '비트겐슈타인'이라는 단어를 말할 때마다 사람들은 눈이 휘둥그레집니다. 바로 그렇게 해보이겠습니다.

샌들 교수(Prof Sandel) : 제 눈도 그렇게 되려 합니다.

(웃음)

엘리엇 박사 : 당신을 지켜보겠습니다! 좋습니다. …《철학적 탐구》의 유명한 한 대목에 이른바 딱정벌레 상자 놀이가 등장하는데 여기서 비트겐슈타인은 일종의 놀이를 상상해보라고 말합니다.>24 누구에게나 상자가 하나씩 있다고 상상해 보십시오. 그 안에는 무언가가 들어 있습니다. 그것을 딱정벌레라고, 여기서 '딱정벌레'라고 말하면 깜짝 놀라시겠지만, 어쨌든 딱정벌레라고 부릅니다. 어느 누구도 다른 사람의 상자 안을 들여다 볼 수는 없습니다.

누구나 딱정벌레를 안다고 말하지만 이는 오직 자신의 딱정벌레만을 보고 하는 얘기입니다. 무슨 말인지 아시겠습니까? 이제 비트겐슈타인이 말합니다. 봐라. 각자 자신의 상자 안에 서로 전혀 다른 무언가를 가지는 일이 얼마든지 가능하지 않냐. 심지어 상자의 내용물이 계속 변하는 일조차도 가능하다. 더 나아가 모든 [또는 몇몇] 상자가 텅 빌 수도 있다. 하지만 사람들은 자신의 상자 안에 있는 내용물을 지시하면서 '딱정벌레'라는 용어를 여전히 사용할 수 있다. 이런 놀이가 진행되기 위하여 상자 안에 실제로 진짜 딱정벌레가 들어있을 필요는 전혀 없다.

---

24 철학의 초보자들이라도 최소한 '후기' 비트겐슈타인이 언어는 인간이 행하는 일종의 놀이라고 주장하였음은 알아둘 필요가 있다.

제발 이제 핵심을 얘기하세요, 박사님!

엘리엇 박사 : 자, 이 실험의 핵심은 무엇이냐? 스스로 한 번 물어보십시오. 제 생각으로는 우리가 내적인 부분이나 심리적 상태를 묘사하기 위하여 사용하는 단어들, 예를 들면 '우울', '불안', '만족' 등은 우리 정신 내부의 어떤 상태, 즉 우리 머리 안에 있는 무언가를 지시하거나 지적함으로써 의미를 얻게 되지 않는다는 점이 핵심입니다. 이런 단어들은 놀이의 규칙으로부터, 즉 이들이 사용되는 사회적 맥락으로부터 의미를 얻게 됩니다.

이들은 비트겐슈타인의 놀이에서 '딱정벌레' 라는 단어와 유사합니다. 우리는 상자 안을 들여다보고 거기서 본 것에 이름을 붙임으로써 단어의 사용 방법을 배우지 않습니다. 우리는 놀이를 함으로써 단어의 사용 방법을 배웁니다. 놀이에 참가하는 사람은 단어에 의미를 부여하기 위하여 그 단어와 동일한 일을 경험할 필요가 전혀 없습니다.

나는 내가 만족한다고 말합니다. 당신은 당신이 만족한다고 말합니다. 우리 모두는 상대방이 무엇을 의미하는지 충분히 이해합니다. 하지만 이 사실이 우리의 내적인 심리 상태가 동일함을 의미하지는 않습니다. 아시겠습니까? 우리는 서로 자신의 딱정벌레에 대하여 말할 수 있지만 여전히 우리의 상자 안에는 서로 다른 것들이 들어 있습니다. …

과연 딱정벌레 실험은 위와 같은 내용 모두를 보여주는가? 그럴지도 모르지만 몇몇 러시아 철학자들은 동일한 사고실험을 통하여 전혀 다른 결론을 이끌어내었다. 이들에 따르면 사실 딱정벌레 실험을 통해서 드러나는 바는 위의 주장과는 정반대로 '어떤 개인이 자신의 사적 감각에 관하여 언급하는 사적 언어' 라는 개념 자체가 무의미하다는 점이다. 그 까닭을 이들은 다음과 같이 표현한다.

비트겐슈타인에 따르면 언어는 사회적 놀이이기 때문에 한 사람 이상이 놀이에 참가할 것을 요구한다. 언어에서는 규칙의 개념이 필수적인데, 사적인 규칙은 무의미하다.

딱정벌레는 계속 상자를 갉아서 상자 밖으로 나갈 길을 마련한 듯하다. 이제 또 다른 철학자 스틸(James Still)은 딱정벌레가 지나간 흔적을 추적하기 위하여 돋보기를 들이댄다. '결국 우리는 다른 사람의 딱정벌레 상자 안에 무엇이 들어있든지 간에 그것을 알 수 없는 듯하다. 최소한 우리가 오직 우리 자신의 경우를 통해서만 감각을 인식할 수 있다는 이론을 계속 고집한다면 그렇게 된다.' 그는 자신의 주장을 계속하기에 앞서 다소 동어반복적이기는 하지만 다음과 같은 설명을 진지하게 덧붙인다.

내가 여기서 흥미를 느낀 바는 비트겐슈타인이 … 고통-행위가 진정한 고통을 동반할 수도 있다는 점을 부정하지 않았다는 사실이다. 그가 부정하는 바는 '옳음의 기준'이 존재한다는 점과 우리가 '안다' 또는 '이해한다'라는 동사를 사용하여 감각 S를 검증할 수 있다는 점인 듯하다.

이제 딱정벌레는 다시 성냥갑 안으로 숨는다. 하지만 다행스럽게도 케머링(Garth Kemerling)이 (최근 한 웹사이트에서) 이 문제를 다시 다룬다. 앞에서 내가 다소 변형하여 제시한 딱정벌레 사고실험에 대해서 다행히도 전혀 모른 채 그는 '딱정벌레' 유형에 속하는 사고실험의 대표적인 특성 중 하나가 '나 자신의 상자 안에 들어있는 내용물과 다른 어떤 사람의 내용물 사이에 비언어적인 유사성을 전혀 확립할 수 없다는 점'임에 동의한다. 그는 몇 가지를 회의하는 듯이 보인다.

만일 나의 경험 중 어떤 것이라도 전적으로 사적이라면 내가 느끼는 고통은 분명히 그런 경험 중 하나이다. 하지만 일반적으로 다른 사람들은 내가 고통스럽다고 말할 때 이 말의 의미를 안다고 한다. 사실 비트겐슈타인이 지적하였던 바는 다른 사람들 중 어느 누구도 내가 느끼는 고통이라는 이른바 사적 감각에 접근할 수 없음에도 불구하고, 내가 다른 사람들의 도움이 없이는 '고통'이라는 단어의 의미를 결코 배울 수 없었다는 점이다. 왜냐하면 '고통'이라는 단어가 어떤 의미라도 지니기 위해서는 일종의 외부적 검증, 즉 그것이 올바르게 적용되는지를 평가하는 일련의 기준이 전제되어야 하는데 이들은 나뿐만 아니라 다른 사람들도 접근 가능한 것임에 틀림없기 때문이다.

다른 한편으로 '루드비히 온라인'(ludwig online)에 글을 올린 한 사람은 다시 기본으로 돌아간 모습을 보인다.

상자의 내용물은 오직 그것을 소유하고 들여다보는 사람만이 알 수 있으므로, 누구나 자신이 '딱정벌레'라고 부르는 바를 가지고 있지만 각자의 딱정벌레가 사실은 다른 누구의 딱정벌레와도 전혀 다른 일이 얼마든지 일어날 수 있다. 이 집단에 속한 사람들의 언어에서 딱정벌레라는 단어는 어떤 기능을 하기는 하지만 자신에게 대응되는 일관된 의미를 지니지 못하며 따라서 그들의 언어 놀이에서 어떤 무엇으로도 제대로 된 역할을 수행하지 못한다. 왜냐하면 상자는 텅 비어 있을 수도 있기 때문이다.

그러나 만일 상자가 비었다면—딱정벌레에게는 무슨 일이 일어났는가? 제발 설명을! 또한 '딱정벌레'라는 단어가 각각의 상자 주인에게 의미를 지닌다 할지라도 상자 안에 실제로 들어있는 바를 지시함으로서 그런 의미를 얻는 것은 아니다.

사적인 감각은 어떤 무언가가 아니지만 그는(비트겐슈타인은) 다른 곳에서 또한 그것이 아무 것도 아니지는 않다고 주장한다. 그렇다면 단지 아무 것도 아닌 것이(빈 상자가) 무언가와, 즉 그것에 대하여 아무 말도 할 수 없는 무언가와 마찬가지로 어떤 작용을 한다는 결론에 이르게 된다. 여기서 우리는 우리에게 강요되는 문법을 거부하였을 뿐이다.

이런 생각에 나도 전적으로 동감한다. 아무 것도 아닌 것이 무언가와, 즉 그것에 대하여 아무 말도 할 수 없는 무언가와 마찬가지로 어떤 작용을 한다. 그리고 수많은 사고실험은 그것에 대하여 아무 말도 할 수 없는 '무언가'를 인정하는 듯이 보인다. 틀림없이 많은 '비트겐슈타인주의자'와 '스트로슨주의자' 등등은 한데 몰려와 자신들의 스승이 쓴 저술이 '일종의 사고실험 과정'으로 해석되는 일조차도 단호히 거부하면서, 그것은 단지 더욱 엄밀한 형식적 논증을 따라오기 어려운 사람들을 위한 일종의 '비유'라고 주장할 것이다. 하지만 비유란 단지 어떤 측면에서만 다른 것과의 유사성을 지적하는, 제대로 정의되지 않은 방법일 뿐이다. 비유는 예증이나 예시를 제공할지는 몰라도 어떤 진정한 통찰에는 결코 이를 수 없다.

사고실험이 단순한 예증 이상의 무언가라는 사실은 몇몇 철학자와 과학자들이 계속해서 '반대의 예'를 만들어냄으로써 강력하게 반박을 시도한다는 점에서 잘 드러난다. 예를 들면 비트겐슈타인주의자들은 틀림없이 스물세 번째 사고실험에서 내가 제시한 반대의 예를 비난하면서, 그 근거로 어떤 한 사람의 '딱정벌레 상자' 안에 있는 곤충의 붉은 딸기색이 다른 사람들의 상자 안에 있는 곤충의 색과 (색과 관련해서 다른 곤충의 '머리'라도 봄으로써) 동일하다는 사실을 지각해야만 한다는 점을 들 것이다. 그들은 흥분하여 '그럼 그렇지!' 하고 소리 지르며 '하지만 이것이 바로 핵심이야! 어떤 개념이나 관념을 공유한다는 사실을 전제하지 않고는 어느 누구도 아무 것도 설명할 수 없어—그런데 이 실험에서는 그런 것이 전혀 없단 말이야 라고 말할 듯하다.

비트겐슈타인의 이른바 사적 언어 논증에 관한 문헌들 거의 전부는 비트겐슈타인의 이론 중 몇몇 애매한 부분을(딱정벌레 사고실험과 같은) 상세히 분석하고 심사숙고하여 계속 생명력을 유지하도록 하는 것들이다.

> 이런 언어에서 사용되는 단어들은 오직 발화자가 자신의 직접적인 사적 감각을 통하여 알 수 있는 바만을 지시한다. 따라서 다른 사람은 그 언어를 이해할 수 없다.
>
> ─ 《철학적 탐구》

이에 관하여 여러 철학자들이(예를 들면 크립키(Saul Kripke) 등이) 제시한 새로운 사고실험을 포함한 상당한 분량의 저술이 이미 출판되었는데 이들 모두는 비트겐슈타인이 의미한 바를 명확히 해석하려는 노력을 보여 준다. 하지만 각각의 새로운 해석은 결국 별도의 자료를 도입하지 않을 수 없는데 그 까닭은 비트겐슈타인 자신의 설명이 어떤 결론이라도 이끌어내기에는 너무 빈약하고 모호하기 때문이다.

사고실험의 규칙 3
사고실험은 완전한 논증을 포함해야 한다.

딱정벌레 사고실험은 이미 확립되고 공유된 어떤 종류의 지식, 언어, 지각이 존재하는 세계에서 이루어진다—왜냐하면 예를 들어 모든 사람들이 딱정벌레 상자가(현재 상황에서는 성냥갑이) 무엇인지를 알기 때문이다. 하지만 결국 비트겐슈타인의 딱정벌레 상자는 궁극적으로 아무 것도 알 수 없는 세계로 옮겨진다. 어쩌면 사고실험자는 상자의 내용물을 특별히 신비스러운 것으로 간주하는 목적이 도대체 무엇이냐고 불평할지도 모른다(어떤 사고실험이 이런 종류의 확립되고 공유된 세계를 전제한다면 실험의 성과를 정당화하기로 마음먹은 실험 지지자가 이 세계를 제멋대로 변형할 수는 없는 일이다).

사고실험의 규칙 5>[25]

> 모든 요소가 일관성을 유지해야 한다.
> 아무도 모순과 불일치를 좋아하지 않는다.

어느 한 부분에서 배제된 내용은 다른 어떤 부분에서 몰래 다시 도입할 수는 없다. ⋯ 이것이 바로 많은 심리학자들이 말하자면 감각적 지각보다 다소 '주관적인 정신적 감각'을 특별한 경우로 다루고 싶어 하는 이유인 듯하다. 하지만 이 경우에 발생하는 문제는, 이미 철학자들이 오래 전부터 지적해왔듯이, 사실상 우리의 모든 지식이 실재로부터 한 걸음 떨어져 있다는 점이다(때로는 한 걸음 이상 떨어져 있기도 하다).

로크는 이에 관한 오래된 논쟁을 《인간의 지적 능력에 대한 시론》(*An Essay Concerning Human Understanding*, 1690)에서 요약하여 제시한다. 그의 설명에 따르면 실재적 본질은 '어떤 사물이 존재하는 바 자체로 간주되어, 그것이 존재하는 바가 바로 그것이라고 여겨지기도 하고 사물 안에 실재하지만 일반적으로 (실체의 측면에서) 알려지지 않은 사물의 구성 요소로—우

---

25 역자주 원문 어디에도 사고실험의 규칙 4는 등장하지 않는다. 지은이의 오류나 착각으로 보인다.

리가 발견할 수 있는 사물의 성질들은 이 요소에 의존하는데—여겨지기도 한다.' 다른 한편으로 명목적 본질은 '일반적 … 명칭에 대응되는 추상 관념으로 여겨지기도 한다' (2권, iii, 15).

하지만 다음과 같은 질문이 다시 제기된다. 비트겐슈타인의 상상적인 딱정벌레나 설의 중국어 방 아니면 심지어 스트로슨 교수의 '순수한 소리의 세계' 조차도, 특히 추상적인 것들에 대한 논의를 통하여 구체적인 무언가를 추구하는 사람들에게는, 확실히 매력적인 실험들이다—하지만 이런 실험들이 진정으로 문제를 단순화하여 제시하는가 아니면 단지 우리를 오도하는 것에 불과한가? 이들은 우리가 논의되는 문제를 더 잘 이해하게 만드는가 아니면 덜 이해하게 만드는가?

훌륭한 사고실험을 고안하는 일은 결코 쉽지 않다. 설령 철학자가 다른 사람들의 고혈을 짜는 듯이 보일지라도 새로운, 더욱이 유용하기까지 한 사고실험을 구성하는 어려움을 기억한다면 그를 용서해야 한다.

사고실험의 규칙 6
　　전체 줄거리에서 벗어난 이야기를 하지 말라.

단순화가 낳는 오도의 가능성이라는 주제, 즉 독창적이지만 주제와 무관한 비교를 도입할 수도 있는 단순화라는 주제는 가장 현실적인 문제에도 적용된다. 머리말에서 언급하였듯이 현대 철학자 호로비츠(Tamara Horowitz)는 '구조의 딜레마', 즉 물에 빠져 익사하거나 건물 안에서 불에 탈 위험에 처한 사람들을 구조하는 문제에 관한 논의는 오도의 가능성이 있다고 말한다. 간단한 예를 들어 보면, 어떤 장소에 한 명의 군인이 있고 다른 장소에 다섯 명의 민간인이 있는데 구조대는 두 곳의 사람들을 모두 구할 수는 없다. 호로비츠는 (퀸(Warren Quinn)처럼) 한 사람의 군인을 '구하지 못하는 일이 정당화된다고' 생각하는 사람들을 문제시한다. 그녀의 주장에 따르면 이 사고실험을 조금 변형하여 '길에서 함정에 빠진 누군가를 차로 치어서 죽일 경우에만' 다섯 사람을 구할 수 있다고 말하면 (위에서 군인을 구하지 못하는 일이 정당화된다고 주장했던) 사람들이 이번에는 그런 행위가 과연 옳은지는 '전혀 분명하지 않다'고 말한다는 것이다―여기서 바뀐 것은 '오직 단 하나', 언어 표현 밖에 없다!

이런 내용은 윤리적 사고실험의 가장 기본적인 것에 속한다. 하지만 호로비츠의 반박은 지금까지 우리가 살펴본 바와 매우 밀접하게 관련된다. 즉 여러 예들에서 사용된 언어가 우리에게 영향을 미친다는 사실은 충분히 확인될 수 있는 적절한 관찰이며, 위의 경우에서도 인상적인 결과를 낳는 도표나 도형처럼 이런 사실이 입증된다. 이 점을 더욱 강조하기 위하여 호로비츠는 사고실험의 기법을 (일부러) 아무 쓸모없이 적용한 '실제' 실험을 인용하기도 한다. 첫 번째 방에서는 한 무리의 사람들에게 '아시아 독감'과 수많은 희생자를 둘러싼 딜레마를 생각해보라고 하면서 주로 다양한 '구조' 계획과 다양한 '구조' 기회를 설명한다. 한편 두 번째 방에서는 같은 무리의 사람들에게도 첫 번째와 정확하게 동일한 구조 계획을 설명하고 이들의 타당성을 조사하는데, 이들에게는 각각의 계획을 선택하였을 때 생길 수 있는 사망자의 수를 표시한 도형을 강조해서 보여준다.

이를 통하여 심리학자인 두 사람의 전문가 카네만(Daniel Kahneman)과 투어스키(Amos Tversky)는 사용되는 단어가 사람들에게 영향을 미친다는 사실을 발견하였다. 실험 대상자들은 사람들을 질병에서 **구하기** 위한 면역 계획에는 찬성표를 던진 반면 얼마나 많은 사람들이 '죽을지를' 설명한 계획에는 반대표를 던졌다―두 계획을 설명하는 데 사용된 수치가 완전히 같았음에도 불구하고.

어떤 의미에서 이 실험은 경제학자들이 계속 지적해왔던바, 즉 사람들은 이익보다는 손실을 더 크게 염려한다는 사실을 예증하기도 한다. 하지만 호로비츠는 오히려 (특히) 윤리적 사고실험에 대한 사람들의 반응이 자신이 문제의 '구조'라고 이름 붙인 바로부터 큰 영향을 받는다는 결론을 이끌어내기 위하여 이 실험을 사용한다. 또한 이는 우리가 우리 자신의 사고실험을 구성할 경우에 반드시 주의해야 하는 중요한 요소임에 틀림없다.

사고실험의 규칙 7
  우리가 선택하는 단어들에 주의를 기울여야만 한다.

이것도 중요한 한 측면이지만 문제의 구조가 낳는 또 다른 결과는 더욱 미묘하며, 심지어 더욱 위험하기도 하다. 철학을 가장 독창적으로 해석하는 인물 중의 한 사람이며, 키프로스 출신으로 현재 요크셔에 사는 제논(Zenon Stavrinides)이 나에게 들려준 문제를 예로 들어 생각해보자. (그리고 그 이야기의 '구조'는 어떤지도 함께 생각해보자.)

제논은 비바람이 거친 어느 날 밤에 오토바이를 타고 요크셔 골짜기의 먼 길을 따라 달릴 때 일어난 일을 자세히 설명하였다. 그가 어떤 황량한 버스 정류장을 지날 때 도무지 올 기색이 없는 버스를 기다리는 세 사람을 보았다. (사실 그는 이미 훨씬 전에 버스가 지나가버렸다는 사실을 알고 있었다) 그는 멈추어 서서 자신의 오토바이를 타지 않겠냐고 물어보았다. 그런데 세 사람 모두 자신의 도움을 간절히 필요로 하는 충분한 이유가 있음을 깨달았다 …

첫 번째로 얘기한 사람은 나이 많은 노파였는데 막 숨이 넘어갈 듯 보였다. 그 노파는 자신이 급하게 병원에 가야 한다고 말했다 …

두 번째 사람은 건강해 보이는 중년 남자였는데 알고 보니 제논의 옛 친구였다. 언젠가 그는 제논의 생명을 구해준 적이 있었다. 그는 지금 급히 시내로 가야하며 만일 못가면 직장을 잃게 된다고 말했다 …

그렇다면 마지막 사람은? 그 사람은 아름다운 여인이었는데 제논은 첫눈에 바로 그녀가 자신이 꿈꾸던 완벽한 배우자감임을 깨달았다—더 기막힌 일은 그녀도 제논을 그렇게 생각한다는 사실이다.

하지만 오토바이에는 오직 한 명만 태울 수 있다.

이는 일종의 사고실험이다. 이는 명료하며, 충분히 일어날 수 있는 일이고, 최소한 어떤 윤리적 의미를 지닌다. 여기서 제기되는 질문은 오토바이에 오직 한 사람만 태울 수 있다는 사실을 아는 상황에서 과연 세 명 중에 누구를 태우기로 결정해야 하는가이다.

제논의 말처럼 한번 생각해보시기를! 다음 내용을 읽기 전에 …

어쩌면 우리는 늙은 노파를 선택해야 할지 모른다. 그녀는 지금 막 숨이 넘어갈 지경이므로 우선 그녀를 구해야 하기 때문이다. 아니면 옛 친구를 선택할 수도 있다. 그는 이전에 나의 생명을 구해 주었는데 이제 그의 은혜에 보답할 절호의 기회를 얻었다. 한 사람의 '권리'는 다른 사람에게는 일종의 의무가 아닌가 … 하지만 이 둘 중 하나를 택한다면 우리는 완벽한 배우자감을 만날 '평생에 단 한 번뿐인' 기회를 놓칠지도 모른다—우리의 (또는 그녀의) 행복은 또한 충분한 가치가 있지 않은가?

이는 이전에 직업 적성 시험의 일부로 실제 출제되었던 문제이기도 하다. 이 시험에서 선발된 응시자는 서슴없이 다음과 같이 명쾌하게 대답했다. '나 같으면 오토바이 열쇠를 옛 친구에게 주면서 노파를 병원에 모셔다 드리라고 하겠다. 나는 뒤에 남아 내가 꿈꾸던 배우자감과 함께 한적한 길가에서 친구가 돌아오기를 기다리겠다.'

여기서 우리는 때로 고정된 사고방식의 한계로부터 벗어날 경우 더 많은 것을 얻게 된다는 교훈을 얻는다. 주의 깊게 구성된 실험에서조차도 '틀 밖에서 생각하라'는 점을 잊어서는 안 된다.

그렇다면 어쨌든 과연 무엇이 유용한 사고실험을 만드는가? 사고실험이 부분들의 총합 이상의 무언가임은 분명하다—사고실험은 어떤 역할을 수행한다. 또한 사고실험은, 소화가 잘 안 되고 맛없는 푸딩에 들어있는 건포도처럼, 철학에서 넘쳐나는 이론적인 예들과 구별되어야 한다. 위에서 언급하였듯이 예들은 결국 어떤 모습을 묘사한 그림에 지나지 않아서, 적극적인 해석보다는 소극적인 관조를 필요로 한다. 비유는 의지할 만한 것이 못된다. 철학의 문제들은 분명히 사고를 필요로 하지만 그런 사고가 어떻게 인도되어야 하는가에 대해서는 거의 아무런 암시도 하지 않는다. 가장 나쁜 일은 철학의 문제들이 최소한 철학의 영역 안에서 오직 확실하게 '해결될 수 없다'는 사실만으로 계속 생명력을 유지한다는 점이다. 철학자 자신과 마찬가지로 철학의 문제들은 애매함에 근거하여 살아남는다. 반면에 사고실험은 그런 문제들을 밝히고 더 나아가 해답을 제시한다고 생각된다.

하지만 철학과 논리학의 가장 훌륭한 문제들, 예를 들면 아킬레우스와 거북 사이의 경주나 모든 크레타 사람들은 거짓말쟁이라고 말하는 크레타 사람의 말을 과연 우리가 믿을 수 있는지 등의 문제 또한 이런 목적에 기여한다. 이들은 일종의 복잡성을 분명히 드러내 보이며, 플라톤의 표현에 따르면, 우리가 인식하거나 설명할 수 없는 것들이 있음을 확실히 인식하도록 '우리를 자극한다.' 우리는 철학적 관심이 실용적인 측면에서 겉치레에 불과하다 할지라도 이를 너무 무시해서는 안 되는데, 사고실험에 대해서도 이와 마찬가지의 태도를 적용할 수 있다. '단순화된' 사고실험은 의심스럽게 보이며 사용된 비유 또한 논쟁거리가 된다. 하지만 딱정벌레 사고실험처럼 어떤 실험이 유익한 반응을 이끌어내고 논쟁을 확대한다면 그것은 자신의 목적에 충분히 기여한 셈이 된다.

'패러다임의 전환'이 지닌 능력을 옹호하였던 철학자 쿤(Thomas Kuhn)은 《사고실험의 역할》(*A Function for Thought Experiments*, 1977)에서 사고실험이 세계에 관한 정보는 몰라도 우리의 개념적 장치와 이해력에 관한 새로운 정보는 충분히 제공할 수 있다고 주장하였다. 하지만 더욱 놀라운 주장을 펴자면 사고실험도 최소한 어떤 경우에는 세계에 관한 정보를 제공하기도 한다. 즉 사고실험은 세계에 관한 우리의 인식에 직접 관여하지 않으면서 실제로 그런 인식을 증가시키는 신비한 능력을 지닌다. 머리말에서 살펴보았듯이 사고실험의 기법이 명백히 의심스럽지 않으면서도 많은 사람들을 혼란에 빠뜨리는 까닭은 바로 이 때문이다.

하지만 쿤의 생각은 하나의 해결책을 제시한다. 그는 사고실험을 통하여 형성된 주장들은 일종의 언어적 수학이라고, 즉 이미 알려진 관계를 표현하고 각각의 관계를 나열한 후에 문제를 '해결하는' 형태를 취한다고 말한다. 한 마디 덧붙이면 연립방정식과 같은 방식으로 문제를 해결한다고 할 수 있다. 각각의 방정식은 그리 많은 정보를 전하지 않을 수도 있지만 이들이 방법론적으로 적절하게 나열되면 진정 새로운 발견에 이르게 된다.

이런 생각은 사고실험을 고찰하는 또 다른 방식을, 말하자면 사고실험의 기법들을 개념화하는 방식을 낳는다. 그렇다면 이는 사고실험에 관한 일종의 사고실험인가?

메뚜기 (수학자가 아닌 사람을 위한)

다음과 같은, (다른 많은 사고실험들처럼) 수학적 분위기가 강한 간단한 수수께끼를 한 번 풀어보자. 몇몇 과학자들이 실제로 곤충들을 다치게 하지 않으면서 (이 조건은 실제 실험실에서는 거의 만족시키기 어려운데) 매미와 비교했을 때 메뚜기의 무게가 얼마나 되는지 알려고 한다. 그런데 문제는 이 곤충들이 계속 저울 위를 뛰어다니고 한 순간도 가만히 앉아있지 않는다는 점이다. 몇 차례나 무게를 재려 한 끝에 간신히 얻은 결과는 메뚜기 한 마리와 매미 두 마리의 무게가 7그램이라는 사실뿐이다. 도대체 메뚜기의 무게는 얼마인가?

체계적인 표현에 익숙한 과학자들은 이 질문을 다음과 같이 정리하였다.

$$g + 2c = 7 \quad g = ?$$

이에 답하기는 몹시 어렵다. 과학자들은 오직 한 마리의 메뚜기가 무게를 잴 수 있기에 충분한 시간을 저울 위에 가만히 앉아있기를 끈기 있게 기다릴 수밖에 없었다. 그런데 한 학자가 이전의 연구 성과에서 다음과 같은 사실을 기억해 냈다.

메뚜기 두 마리의 무게는 매미 한 마리의 무게에 4그램을 더한 것과 같다.

또는 $2g = c + 4$이다.

이제 더 이상 실제로 노력할 필요가 조금도 없다! 불완전한 단편적인 정보들을 새로운 방식으로 적절하게 배열하니 가치가 크게 증가하였다.

수학 낙제생들은 왜 그러냐고 물을지도 모르겠다. 이제 g는 얼마란 말인가? 자, 두 등식을 함께 배열하고, 등식의 양변에 '똑같이' 행한다면 원하는 뭐든지 해도 좋다는 점을 기억하자. 그러면 우리는 다음을 얻는다.

$$2g + 4c = 14 \text{이며 } 2g = c + 4 \text{이다.}$$

이제 두 등식에서 한 변씩을 서로 같게 만들면 된다. 첫 번째 등식을 다시 표현하면 $2g = 14 - 4c$ 가 되는데 (양변에서 $4c$를 빼면) 이를 $2g = c + 4$ 와 비교해보자. 이로부터 명백히 $14 - 4c = c + 4$ 임을 얻는다(독자들은 이를 숙제로 한번 풀어보시기를>[26]).

따라서 (서로 분리되어 있을 때는 그저 혼란만 낳던) 두 개의 정보를 단지 좀 더 깊이 있게 생각함으로써 우리는 '세계에 관한' 새로운 정보를 얻었다(위의 예에서 등장한 수치는 실제 측정 결과에 기초한 것이지만 정확한 사실은 아닐 수도 있다). 이런 점에서 수학은, 고대 그리스인들이 생각하였듯이, 물리적 세계를 이해하는 열쇠임이 분명한 듯하다.

다시 우리가 제기하였던 큰 질문, '사고실험' 자체를 정의하는 문제로 되돌아가 보자. 현대의 학자이며, 사고실험 관련 강좌에서 가르치기도 했고

---

[26] 매미의 무게는 2그램이며, 메뚜기의 무게는 3그램이다.

심지어 이에 관한 인터넷 상의 논쟁을 일으키기도 했던 그라운드(Ian Ground)는 이 질문에 대한 대답을 '정확하게 꼭 집어내기란 쉽지 않다'고 말하면서도 사고실험의 의도는 다음과 같다고 (다소 대담하게) 주장하였다.

- 우리의 직관을 검토하거나 또는
- 우리의 사고에 포함된 가정들을 밝힌다.

다른 한편으로 나는 사고실험이 위의 두 가지 모두를 의도한다고 말하고 싶다.

- 논리적으로 함축된 일련의 결과를 상상해봄으로써 우리의 어떤 가정들을 검토하고
- 새로운 정보를 발견하고 새로운 관계를 형성하기 위하여 직관을 사용한다.

어떤 측면에서 이는 '실제' 실험의 목적과 크게 다르지 않다. 실제 실험들 또한 가정들을 검토하고, 실험을 고안하고 시작하는 단계에서는 직관에 의존한다. 단지 과학자가 '사고'를 통해서 결론에 이르는 것이 아니라 사건들을 관찰하고 경험적인 측정을 한다는 점만이 다를 뿐이다. 사고실험자는 실험과정을 묘사하고 (훌륭한 과학자들처럼) 가정의 윤곽을 설명하면서 언어를 가지고 실험 장치를 만들어낸다. 이런 장치는 여전히 제대로 장착되어야 하며, 실험의 재료 또한 계속 공급되어야 한다. 사고실험자가 만일 … 라면 어떤 일이 일어날지를 물음으로써 실험을 시작한 후 (논리의 인도에 따라 실험을 계속 진행하여) 설령 궁극적으로 상상력의 한계를 묻는 법정에까지 이른다 할지라도 이런 사실은 변하지 않는다.

때로는 전제가 불가능한 것일 경우도 (최소한 현재 수준에서는) 있다. 플

라톤이 제시한 기게스의 반지 이야기, 즉 사람을 보이지 않게 만드는 마법 반지를 발견한 후 악당으로 변하는 목동 이야기는 역학적으로 별로 가능해 보이지 않지만 권력과 은폐가 부패한 결과를 낳는다는 점과 관련해서 상당한 설득력을 여전히 유지한다. 마찬가지로 창문을 통해서 보이는 길 가는 사람이 사실은 철사와 지렛대로 움직이는 자동인형이 아닌가하는 의문을 제기하는 데카르트의 회의 또한 그리 가능성이 높지 않은 듯하다 (하지만 마찬가지로 완전히 불가능하지도 않다). 전혀 불가능한 푸앵카레의 행성 실험과는 달리 피사의 사탑에서 쇠공을 떨어뜨린다든지 천장에 양동이를 매달고 돌리는 실험 등은 충분히 실행 가능하지만, 실제로 이런 수고를 할 필요는 없다 (그리고 이것이 바로 훌륭한 사고실험의 특징을 보여준다).

이상하게도 사람들은 자주 수많은 역사상의 사고실험들이 **실제로** 수행되었다고 상상하는 모습을 보인다. 하지만 중요한 점은 그런 사고실험들이, 가장 순수한 분석철학과 마찬가지로, 오직 사고만으로도 확실성을 산출하기에 충분하다는 점이다. 결국 우리는 사고실험과 '실제' 실험 사이의 차이가 그렇게 크지 않으며, 그 차이는 처음 보았을 때만큼 그렇게 명확하지도 않다는 사실에 이르게 된다. '실제' 실험이 발견한 바가 그 자체로 훨씬 더 '실제적'인 것은 결코 아니다. '실제' 실험도 얼마든지 비판의 대상이 되며 그 결과 또한 다른 사람이 확증하기 이전까지는 단지 지엽적이고 일시적인 것에 지나지 않는다. 과학의 역사가 잘 보여주듯이 실제 실험의 결과는 오랜 시간이 지난 후에도 새로운 이론이 대규모로 이론적 모순을 폭로하여 전복될 수도, 실험자의 편견이나 무지 때문에 사소하게 될 수도 있다. 왜냐하면 사실이 이론을 따르지, 이론이 사실을 따르지는 않기 때문이다.

최소한 이런 이유 때문에 실제의 실험실과 상상의 실험실 모두에서 대답보다는 질문이 여전히 더욱 흥미롭고 더욱 중요하다는 점은 명백한 사실이다.

해설 및 인용출처

서론에 대한 참고문헌

'창'에 관한 아리스토텔레스의 이론은 《자연학》(*Physics*), 4권, 8절에 등 장한다. 베르트하이머의 실험은 《철학과 공공 문제들》(*Philosophy and Public Affairs*, 1971)에 발표된 '인공유산 논증에 대한 이해'(Understanding the Abortion Argument)에 실려 있다. 호로비츠의 견해는 《윤리학》(*Ethics*, 108권, 1998년 1월)에 발표된 '철학적 직관과 심리학 이론'(Philosophical Intuitions and Psychological Theory)을 통해서, 퀸의 주장은 《도덕성과 행 위》(*Morality and Action*, Cambridge University Press, 1993)에 수록된 '행 위와 결과: 행함과 허용함의 이론'(Actions and Consequences: The Doctrine of Doing and Allowing)을 통해서 제시된다. '인공 생명'에 관한 덴네트의 논문은 1994년에 창간된 《인공 생명》(*Artificial Life*) 잡지의 권두 논문으로 실렸다. 퀸턴의 글은 페리(John Perry)가 편집한 《자아 동일성에 있어 영혼》(*The Soul in Personal Identity*, University of Berkeley, 1975)에 수 록되었다. 댄시의 논문 '윤리학에 있어 상상적인 경우들의 역할'(The Role of Imaginary Cases in Ethics)은 《태평양 연안 지역 철학 계간지》(*Pacific Philosophical Quarterly*, 1985)에 실렸다.

복의 저서《비밀: 숨김과 드러냄의 윤리학에 관하여》(Secrets: On the ethics of concealment and revelation)는 1985년 빈티지(Vintage) 출판사에서 간행되었다. 쇼우먼(Alan Shewmon)은《더 토미스트》(The Thomist)에 1985년에 실린 논문 '뇌사, 지속적인 식물 상태, 치매의 형이상학'(The Metaphysics of Brain Death, Persistent Vegetative State, and Dementia)을 통하여 의학적인 질문들을 던졌다.

수학의 한계에 관한 아인슈타인의 인용문은 '기하학과 경험'(Geometry and Experience)이라는 제목의 논문에, '엘리베이터' 또는 운동하는 상자에 관한 실험은 '중력의 문제들'(Gravitational Problems, 1912, pp. 1254~5)에 처음 등장하였다.

현대 철학자 킹(Peter King)은 중세의 상식적인 사고실험에 관한 특별한 연구를 통하여 '커다란 돌이 작은 돌보다 지면에 먼저 닿으리라는 점은 "명백한" 사실이었고', 따라서 갈릴레오는 실제로 유명한 '피사의 사탑'에서의 실험을 수행하여야만 했으리라고 주장한다(일곱 번째 실험 참조). 또한 그는 '이론 물리학은, 아무리 이론적이라 할지라도, 오랜 기간의 실제 실험을 거쳐 확립되고 이를 통하여 우리에게 물리학으로 인정받게 된다'는 견해를 내세움으로써 과학자들에게 도전한다. 이에 관한 논쟁은 호로비츠와 매시(Gerald Massey)가 편집한《과학과 철학에 등장하는 사고실험들》(Thought Experiment in Science and Philosophy, Rowman & Littlefield, 1991)의 46면에 등장하는데, 이 책은 서론에서 논의된 많은 주제들에 대한 상세한 자료를 제공한다.

특별히 추천하지는 않겠지만 사고실험에 관심이 있는 사람들을 위하여 덧붙이면, 스트로슨의 책《개체들》(Individuals, Methuen, 1959)은 '소리의 세계' 사고실험을 포함하고 있다.

마지막으로 비트겐슈타인의 인용문은 《강의 노트》(*Blue and Brown Books*, Blackwell, 1958) 중 61-2면에 등장한다.

사고실험 일반을 둘러싼 논쟁에 관한 참고문헌

사고실험에 관한 철학적 논의는 비교적 드문 편이지만 브라운(James Brown)의 《마음 안의 실험실》(*The Laboratory of the Mind*, Routledge, 1991) 과 소렌슨(Roy Sorenson)의 실용적인 연구서 《사고실험》(*Thought Experiments*, Oxford University Press, 1992)은 손꼽을 만하다. 두 책 모두 과학적 문제들을 폭넓게 다루고 있지만 다양한 기법들을 소개하는 데는 다소 소홀하다.

각각의 사고실험에 대한 참고문헌

A. 앨리스와 가속도

베이컨(1561~1626)은 이 문제를 1605년에 출판된 '학문의 진보'(The Advancement of Learning)에서 논의하였다.

갈릴레오의 언급은 《중요한 체계에 대한 대화》(*Dialogo dei Massimi Sistemi*, Giornata Seconda, 1842년 플로렌스 판, 1권, 251-2면)에 등장한다.

물리학자들은 이를 '탄환의 문제'(Cannon ball problem)라고 부르는데, 알래스카 지구물리학 연구소(the Geophysical Institute, Alaska)의 게드니(Larry Gedney)는 한 논문에서 이 주제를 복잡한 기술적 내용과 함께 상세히 논의한다. 그의 논문은 인터넷 사이트 www.gi.alaska.edu에 게재되었다. 또 다른 재미있는 사실은 지구를 관통하는 구멍으로 떨어진 물체가 지구의 중심을 통과하여 반대면에 도달했다가 다시 튀어 올라 원래의 자리로 돌아오는데 걸리는 시간은 그것이 지구 궤도를 한 바퀴 도는 시간과 정확히 일치하여야 한다는 점이다.

프랑스의 천문학자 플라마리옹이 제시한 '지구를 관통하는 구멍' 그림과 이에 대한 설명은 《더 스트랜드 매거진》(*The Strand Magazine*), 38권 (1909), 348면에 등장한다. '자기부상'(maglev)은 물론 '자력을 이용한 공중 부양'(magnetic levitation)의 생략형이다—자기부상 열차가 제대로 목적을 달성하려면 막대한 비용이 든다. 하지만 이미 건설이 시작되어 전자석의 힘에 의하여 공중에 뜬 채로 궤도를 따라 빠르게 움직이는 모습을 볼 수 있다. 또한 캐럴이 쓰고 가드너(Martin Gardner)가 머리말과 주석을 더한 《주석판 앨리스》(*The Annotated Alice*, Random House, 1998) 중 특히 1장 '토끼 굴로 빠지다'를 인용하도록 허락해준 데 대하여 감사한다.

B. 신체/정신 교환 장치

이 사고실험은 매우 인기가 있다! 이에 관한 수많은 책과 논문들이 있지만 특히 데카르트의 《성찰》(*Meditations*) 중 첫 번째 성찰에 등장하는 내용과—즉 육체는 분할될 수 있지만 정신은 그렇지 않다는—흄이 《인간 본성에 관한 논고》(*On Human Nature*) 1권에서 언급한, 굴에게는 자아의 관념이 없다는 주장은 고찰할 만하다.

페리(John Perry)가 편집한 《자아 동일성》(*Personal Identity*, University of Berkeley, 1975)에 실린 논문 '자아와 미래'(The Self and the Future)에서 윌리엄스는 이런 교환 장치와 관련된 몇몇 철학적 문제들을 논의한다.

다중 인격과 인격의 '이중성'에 관한 논의를 포함하는 글로버(Jonathan Glover)의 《자아 동일성의 철학과 심리학》(*The Philosophy and Psychology of Personal Identity*, Penguin, 1988)도 참고할 만하다. 하지만 더 큰 관심이 있는 사람들은 윌크스(Kathleen V. Wilkes)의 《실재하는 인간: 사고실험을 배제한 자아 동일성》(*Real People: Personal Identity Without Thought Experiment*, 1993)을 읽는 수고를 아껴서는 안 된다. 파핏의 《이유와 개인》(*Reasons and Persons*, Clarendon Press, 1984)은 다중 인격, 대뇌 반구 절제술, 비이성적인 행위를 일으키는 약물의 분량 등을(물론 여기서 말하는 약물이 맥주 같은 것은 아니다) 포함하는 사실상 사고실험의 병동이라 할 수 있다.

C. 식인종

여기 등장하는 인용문은 러셀의 《서양 철학사》(*History of Western Philosophy*)와 아퀴나스의 《반이교도대전》(*Summa Contra Gentiles*), 4권에서 인용하였다. 에피쿠로스(기원전 341~270)라는 이름은 막연하게 '쾌락'을 연상시키지만 사실은 '감각'과 더욱 밀접하게 연결된다. 이로부터 죽음에 관한 그의 견해가 등장한다. '분해되면 아무런 감각도 느끼지 못하며, 아무런 감각도 느끼지 못하면 아무 것도 아니다.'

D. 맥스웰의 악령

이 사고실험은 맥스웰이 《열역학 개요》(*A Sketch of Thermodynamics*, 1867)의 저자인 테이트(P. G. Tait)에게 보낸 논평에 등장한다. 최근 이 실험을 비판한 매드덕(John Maddock)은 《네이처》(*Nature*), 417권(2002년 6월)에서 예를 들면 악령이 자신의 사고에 따라 일한다는 생각뿐만이 아니라 문을 여닫는다는 생각도 물리학의 규칙들에 위배된다고 주장하였다. 그리고 맥스웰은 신앙심 깊은 인물이었기 때문에 결코 '악령'의 개념을 사용하지 않았으리라는 점을 덧붙인다 … 하지만 통계적 법칙과 관련해서 어떤 사람들은 탁자가 공중으로 솟아오르지 않는 유일한 이유는 어떤 특정한 방향으로 작용하는 중력 때문이 아니라, 탁자를 구성하는 모든 분자들이 동시에 같은 방향으로 움직이기를 선택하는 일이 결코 일어날 수 없기 때문이라고 생각하기도 한다.

E. 진화론

첫 번째 인용문은 다윈의 《종의 기원》(Origin of Species), 195/80에서, 두 번째는 176/90에서, 세 번째는 185/117에서 각각 인용하였다. 레녹스(James Lennox)는 이런 작은 변화가 큰 중요성을 지닌다는 점을 호로비츠(Tamara Horowitz)와 매시(Gerald Massey)가 편집한 《과학과 철학의 사고실험》(*Thought Experiments in Science and Philosophy*, Rowman & Littlefield, 1991)에서 지적하였다.

F. 형상들

플라톤의 《국가》(*Republic*)의 6권에서 인용하였다. 흔히 이 이야기는 오직 한 사람의 죄수가 '빛을 찾아서' 동굴로부터 도망쳤다고 변형되어 전해지기도 하는데, 나는 여기서 드러나는 개신교의 복음주의와 자기중심적 입장이 문제의 본질은 아니라고 생각한다 … 덧붙여 말하자면 독자들은(특히 학생들은!) 철학자들의 어떤 특정한 견해를 받아들이기에 앞서 원전을 주의 깊게 읽을 필요가 있다. 일곱 번째 사고실험과 같이 상당히 직설적인 이야기에 대한 '논쟁'에서도 이차적인 설명은 그리 큰 가치를 지니지 않는 듯이 보인다. (하지만 나의 설명은 최소한 도움이 되리라 생각한다.)

G. 갈릴레오의 쇠공

아리스토텔레스의 인용문은《천체에 관하여》(*De Caelo*), 1권, vi, 274a에 등장한다.

갈릴레오의 인용문은《수학적 논의와 논증》(*Discorsi e Dimonstrazioni Matematiche*, 1628)에 등장하는데 이 저술은《두 자연과학에 관한 대화》(*Dialogues Concerning Two Natural Sciences*, Dover, 1954)라는 제목으로 영역, 출판되었다. 이미 지적하였듯이 갈릴레오의 이 실험은 그리 큰 신뢰를 얻지 못하였는데 그 까닭은 다른 많은 '갈릴레오의' 발견과 마찬가지로 다른 사람이 이미 한 실험을 빌려왔으면서도 이런 사실을 밝히지 않았기 때문이다. 이 실험은 드 흐로트(Jan de Groot)가 1586년에 행한 것이다. 하지만 갈릴레오의 서술 방식이 어떤 오류를 포함하지는 않는다.

H. 흄의 색조

이 내용은《인간 본성에 관한 논고》(*On Human Nature*) 1권에 등장한다.

쿤은 많은 성과를 낳았던 행운의 해인 1964년에 발표한 '사고실험의 역할' (A Function of Thought Experiments)에서 사고실험 자체에 대하여 설명하였다. 이 논문은《본질적 긴장》(*The Essential Tension*, University of Chicago Press, 1977)에 재수록 되었다. (또한 개연성/가능성에 관해서는 《101가지 철학적 문제들》(*101 Philosophical Problems*, Routledge, 1999/2002)에 등장하는 나의 논의도 참고가 될 듯하다.)

I. 서로 구별될 수 없는 것들의 동일성

라이프니츠의《단자론》(*Monadology*) 참조. 또한 이 주제에 관한 비트겐슈타인의 생각은《강의 노트》(*Blue and Brown Books*, Blackwell, 1958, 61-2

면)를 참조하기 바란다. 뉴턴과 라이프니츠는 서로 치열한 경쟁자였는데, 라이프니츠는 진정으로 위대한 철학자에게 기대되는 바를 행하기보다는 뉴턴의 생각들을 평가절하하는 데 더 많은 시간을 보냈다. 특히 뉴턴이 '멀리 떨어져 있는 작용'이라는 '초자연적인' 개념을 언급한 데 대하여 라이프니츠는 이런 개념의 수용은 '철학과 이성을 포기하고, 무지와 나태함의 도피처를 마련하는' 일이라고 거만하게 선언하였다 …

J. 푸앵카레의 문제

《과학과 가설》(*Science and Hypothesis*, Dover, 1952)에 재수록된 푸앵카레의 논문 '공간과 기하학'(Space and Geometry)에서 인용하였다.

K. 칸트와 《순수이성비판》

인용문은 《순수이성비판》에 등장하며─여기에 제시된 이율배반은 두 번째 것이다. 이는 사고실험을 다룬 책에 특별한 반향을 불러일으킬 만한 내용을 포함하는데 (어쩌면 지금 다루는 문제를 훨씬 넘어서서), 칸트 자신도 《순수이성비판》 서문에서 이 점을 다음과 같이 설명한다.

자신의 영역을 경험의 한계 너머로 확장하려 애쓰는 이성의 현명한 요구는 지금까지 단지 무미건조한 형식으로만 드러났는데 이 형식들은 이런 요구의 근거만을 포함할 뿐이다. 특히 이들은 선험적 철학의 특성에 부합하게 모든 경험적 요소에서 자유로웠다. 하지만 이들이 내세우는 약속과 예견이 화려하게 빛난다 할지라도 이들은 오직 경험적 인식과 관련해서만 자신을 드러낸다. 이들을 적용하고 이성의 사용을 확장하면서, 동시에 경험의 영역에서 벗어나 숭고한 이념들에로 상승하려고 분투하면서 철학은 가치와 존엄성을 발견한다. 만일 철학이 자신의 주장을 제대로 펴기만 한다면─말하자면 이성이 모든 능력을 발휘할 때 우리가 지닐 수 있는 최고의 희망과 궁극적인 목표에 확고한 기초를 제공함으로써—철학은 인간 지식의 다른 모든 부분보다 훨씬 더 높이 상승하게 된다.

이전에 칸트를 탐구하려다 포기한 일이 있는 사람이라면 더욱 쉽게 접근할 수 있는,《순수이성비판》의 새 번역이 나왔음을 알아둘 필요가 있다. 이 번역은 로스(George MacDonald Ross)가 하였으며 인터넷 사이트 http://www.philosophy.leeds.ac.uk/GMR/hmp/modules/kant0203/k0203frame.html에서 확인할 수 있다.

L. 루크레티우스의 창

루크레티우스가 기원전 55년경에 쓴《사물의 본성에 관하여》(De Rerum Natura), 1권에 등장한다. 이 책의 훌륭한 번역본은 (매우 흥미로운 서문도 포함된) 라담(Ronald Latham)이 번역한 《루크레티우스의 사물의 본성에 관하여》(Lucretius' The Nature of the Universe, Penguin, 1951)이다.

M. 마흐의 운동

맥코맥(Thomas McCormack)이 번역한 마흐의 《역학이라는 과학》(The Science of Mechanics, Open Court, 1960), 54면에 등장한다.

N. 뉴턴의 양동이

뉴턴의 《자연철학의 수학적 원리》 중 원리 II와 (앞에서 소개한) 마흐의 책에서 인용하였다. 뉴턴은 사고실험자라기보다는 오히려 매우 까다로운 관찰자이며 수학자였다. 예를 들면 그는 (당시 위대한 과학자들 대부분이 그렇게 하였듯이) 실험도구를 직접 고안하고 만들어 사용하였는데 1680년과 81년에 나타났던 큰 혜성의 위치를 추적하면서 0.0017인치의 정확도를 보이는 자와 컴퍼스를 사용하기도 하였다. 하지만 그의 탐구 정신은 물리학이나 수학으로 정의되는 좁은 영역을 훨씬 넘어서서 다음과 같은 질문까지도 고려하였다. 왜 별들은 어느 하나가 다른 것에로 낙하하여 서로 충돌하지 않는가? 세계의 모든 질서와 아름다움을 어떻게 설명할 수 있는가? (그리고 성서를 연구하면서는 인간 예언자가 아니라 '신'으로서의 예수를 만들어낸 일은 문서 위조 이상의 의미를 지니지 않음을 밝히기도 하였다 …) 어쩌면 그는 '무한한 공간이 비물질적이며, 살아있고, 지성을 지니며, 어디에나 있는 어떤 존재의 감각기관이 아닌가?' 하고 물었을지도 모를 일이다.

O. 올베르스의 역설

이에 대한 더욱 상세한 논의는 해리슨(Edward Harrison)의 《어두운 밤: 우주의 수수께끼》(*Darkness at Night : A Riddle of the Universe*, Harvard University Press, 1987) 참조.

P. 파핏의 개인

한편으로 파핏의 《이유와 개인》(*Reasons and Persons*, Clarendon Press, 1984>[27])을 참고할 수 있다. 하지만 놀랍게도 동일성이라는 주제는 최소한 고대 그리스 시대의 스토아 철학자인 크리시포스(Chrysippus)까지 거슬러 올라가 탐구할 필요가 있다. 그도 일종의 사고실험을 행하였는데, 그의 실험은 본질적으로 현대 철학자 기치(Peter Geach)가 제시한 '고양이 티블즈(Tibbles)'라는 사고실험의 원형이라 할 수 있다. 기치의 사고실험은 다음과 같다.

---

27 역자주 원문에는 1944년으로 잘못 표시되어 옮긴이가 바로 잡았다.

티블즈라는 이름의 고양이가 있다고 상상해보자. 그리고 티블즈 전체를 구성하는 각각의 부분들에 이름을 붙이는데 특히 꼬리를 '팁'이라고 부르기로 하자. 이제 어떤 특정한 시간에 티블즈가 불행한 사고를 당하여 꼬리가 잘렸다고(정확성을 기하기 위하여 꼬리 전체가 완전히 없어졌다고) 상상해보자. 우리는 이런 사고를 당했다고 해서 티블즈가 더 이상 존재하지 않는다고 생각하지 않으며, 또한 팁에 대해서도 마찬가지이다. 하지만 사고 후에 티블즈와 팁은 정확하게 동일한 영역을 차지하면서도 서로 구별되는 물리적 대상인 듯이 보인다.

Q. 일상적 사고실험

드로아의 책 《101가지 일상적 사고실험》(*Éxperiences de philosophie quotidienne*, Édition Odile Jacob)은 2001년 프랑스어로 처음 출판되었다. 이 책의 영어 번역 *101 Experiments in the Philosophy of Everyday Life*는 2002년 파버 (Faber) 출판사에서 간행되었다.

R. 규칙이 지배하는 방

설의 논문 '정신, 두뇌 그리고 컴퓨터 프로그램'(Minds, Brains and Programs) 참조. 이는 본(Rainer Born)이 편집한 《인공지능: 이에 반대하는 사례》(*Artificial Intelligence: The Case Against*, Croom Helm, 1987)에 수록된 여러 논문 중 하나이다. 또한 라이프니츠의 《단자론》과 튜링의 저술도 참고할 만하다. 덴네트의 저술 《의식에 대한 설명》(*Consciousness Explained*, Little, Brown & Co., 1991)에서는 통 안의 뇌, 정신 착란 기계, 단 한 번도 색채를 본 적이 없는 색채 과학자, 설의 중국어 방 실험 등을 포함한 다양한 정신적 사고실험이 상세히 논의된다. 우연하게도 '냉혹한 방'으로 배달되는 질문 중 두 번째는 비트겐슈타인 자신이 일종의 '사고실험'으로 제시하였던 바이다.

S. 살바티우스의 배

갈릴레오의 《두 개의 주된 우주 체계에 관한 대화》(*Dialogues Concer-ning the Two Chief World Systems*, 1632). 호이겐스(Christian Huygens)는 이 이론을 《충돌에 의한 물체의 운동에 관하여》(*De Motu Corporum ex Percussione*, 1656)에서 발전시켰다.

T. 시간여행을 하는 쌍둥이

시간여행을 언급하는 책은 무척 많은데, 이들 대부분은 보기보다 그리 흥미롭지 않다. 하지만 예를 들면 《시간의 끝을 찾아서》(*In Search of the Edge of Time*, Penguin 1995)에서 그리빈(John Gribbin)은 시간여행이 최소한 이론적으로 어떻게 가능한지에 대한 설명을 시도하며 시간여행을 하는 서로 다른 여러 방법을 소개한다. 반면에 《블랙홀, 웜홀[28] 그리고 타임머신》(*Black Holes, Wormholes and Time Machine*, Institute of Physics, 1999)에서 알-카릴리(J. S. Al-Khalili)는 물리학과 현실적인 문제 모두에 대한 친절한 설명을 제시한다.

U. 우주에 대한 이해

이 논의에서 인용된 아인슈타인의 직관은 쉴립(A. Schlipp)이 편집한 《알버트 아인슈타인: 철학자 겸 과학자》(*Albert Einstein : Philosopher-Scientist*, La Salle, 1949)에 수록된 '자전적 언급'(Autobiographical Notes)에 등장한다. 상대성 이론의 주목할 만한 결과 중 하나는 우리가 얼마나 자주 읽고 충

---

28 역자주 현대 천문학에서 블랙홀로 빨려 들어간 물질이 방출되는 가상의 장소를 화이트홀(white hole)이라고 부르며, 블랙홀과 화이트홀을 연결하는 가상의 통로를 웜홀이라고 부른다.

분히 이해하였든 간에 시간이 지나면 이 이론을 완전히 잊어버리는 순간이 다시 닥친다는 점이다. 혹시 호킹(Stephen Hawking)이라면 그렇지 않을지 몰라도 … 칼더(Nigel Calder)의 《아인슈타인의 우주》(*Einstein's Universe*, Penguin, 1990)와 그리빈(John Gribbin)의 《슈뢰딩거의 고양이와 실재의 추구: 양자의 신비를 풀다》(*Schrödinger's Kittens and the Search for Reality: The Quantum Mysteries Solved*, Phoenix, 1996)는 읽어볼 만하다.

V. 바이올린 연주자

바이올린 연주자의 딜레마는 《철학과 공공 문제》(*Philosophy and Public Affairs*, 1권, 1호, 1971, 47-66면)에 실린 톰슨(Judith Jarvis Thomson)의 논문 '인공유산을 옹호함'(A Defense of Abortion)에 처음 등장한다. 이에 대하여 피니스(John Finnis)는 1973년 '인공유산의 옳은 점과 그른 점: 톰슨에 대한 대답'(The Rights and Wrongs of Abortion)을 《철학과 공공 문제》, 2권, 2호에 실었으며, 그 후 많은 사람들이 톰슨의 논문에 대한 견해를 발표하였다. 예를 들면 워렌(Mary Anne Warren)은 '인공유산의 도덕적, 법적 지위'(On the Moral and Legal Status of Abortion)를 《모니스트》(*Monist*, 57권, 1호, 43-61면)에 발표하였는데 여기서 인공유산의 희생자를 오히려 자발적 지원자로 만드는 경우를 다루고 있다.

W. 비트겐슈타인의 딱정벌레

딱정벌레는 비트겐슈타인의 《철학적 탐구》(*Philosophical Investigations*), 293절에 등장한다. 또한 더욱 상세한 인용출처와 참고문헌에 관해서는 위의 실험 방법을 참고하기 바란다.

X. 크세노파네스

크세노파네스에 대한 더욱 상세한 내용은 거스리(W. K. C. Guthrie)의 《그리스 철학사》(*History of Greek Philosophy*, Cambridge University Press, 1962) 참조.

Y. 역사와 반사실적 조건문

예를 들면 테트록(Philip Tetlock)과 벨킨(Aaron Belkin)이 편집한 논문집 《세계 정치에서 반사실적 사고실험》(*Counterfactual Thought Experiments in World Politics*, Princeton University Press, 1996) 참조. 퍼트넘(Hilary Putnam)의 책 《이성, 진리, 역사》(*Reason, Truth and History*, Cambridge University Press, 1981)도 '통 안의 뇌' 사고실험의 초기 모습을 포함하고 있다.

Z. 제논

이 위대한 사상가에 관한 책은 그리 많지 않다 … 하지만 나의 책 《101가지 철학적 문제들》(Routledge, 1999/2002)에는 제논에 관한 다소 상세한 언급이 등장한다.

맥스의 이론에 관해서는 인터넷 사이트 http://www.hep.upenn.edu/~max/multiverse.html 참조.

실 험 방 법

딱정벌레에 관한 논쟁은 다음의 인터넷 사이트를 참고하였다.

http://www.bioethics.gov/

http://afonasin.chat.ru/wittgenstein.html

http://www.infidels.org/library/modern/james_still/w_fiction.html

http://www.philosophypages.com/hy/6s.htm (by Garth Kemerling)

http://www.gustavus.edu/academics/philosophy/Brooke.html

　여기서 논의된 호로비츠의 논문은 '철학적 직관과 심리학적 이론'(Philo-sophical Intuitions and Psychological Theory, *Ethics* 108, 1988년 1월, 367~388면)이며, 뒤이은 여러 고찰은 호로비츠와 매시(Gerald J. Massey)가 편집한 《과학과 철학의 사고실험들》(*Thought Experiments in Science and Philosophy*, Rowman & Littlefield, 1993)에서 추적할 수 있다. 뛰어난 균형감각을 보여주는 이 책에는 사고실험 일반과 관련되는 많은 논문들이 실려있다.

　스트로슨(P. F. Strawson)은 《개체들, 사실기술적 형이상학 이론》(*Individuals, An Essay in Descriptive Metaphysics*, London : Methuen, 1964)을 썼다. 이에 대한 에번스(Gareth Evans)의 반응이 '정신이 없는 사물들 : 스트로슨의 《개체들》, 2장에 대한 주석'(Things Without the Mind : A Commentary upon Chapter Two of Strawson's *Individuals*)인데 이는 반 스트라텐(Zak Van Straaten)이 편집한 《철학적 주제들, 스트로슨 기념 논문집》(*Philosophical Subjects, Essays Presented to P. F. Strawson*, Clarendon Press, 1980), 76-116면에 실려 있다. 암호 같은 비트겐슈타인의 인용문은 《철학적 탐구》, 243절의 일부이다.

이 책에 등장하는 중요 인물들 [29]

갈릴레오 (Galileo Galilei, 1564~1642)

갈릴레오의 가장 중요한 저술 대부분은 관찰의 결과가 전혀 아니며 오히려 상상적인 실험의 형태를 취한다—비록 그 자신이 망원경을 비롯한 '새로운 기술'을 설득력 있게 옹호한 인물이기도 하지만. 사실 그는 수많은 발견들을—또한 이론들도—다른 사상가로부터 '빌려왔기' 때문에 비위에 거슬릴 만큼 거만하지만 실속 없는 인물이라는 평가를 받기도 하였다. 그렇지만 그가 모든 자연과학자들을 통틀어 사고실험 기법의 대가라는 사실은 부정할 수 없다.

길먼 (Charlotte Gilman, 1860~1955)

《선구자》(*The Forerunner*)라는 신문의 편집자로도 활동하였던 길먼의 저서 《여성과 경제학》(*Women and Economics*, 1898)은 경제 체계에서 여성의 역할을 주목한 최초의 저술이다. 그 외에도 《산 움직이기》(*Moving the Mountain*, 1911), 《여성과 함께 하는 세상》(*With Her in Ourland*, 1916)에서는 토마스 모어 경(Sir Thomas More)이 '유토피아'를 묘사하는 데 사용하여 유명해진 문학적 장치를 사용하기도 하였다.

---

29 역자주 원서에는 중요인물들이 영어 자모순으로 등장하지만 옮긴이가 가나다순으로 다시 배열하였다.

뉴턴 (Isaac Newton, 1645~1727)

뉴턴은 자주 유클리드가 수학에서 차지하는 위치를 자연과학에서 차지하는 인물로 평가되어 왔다. 《자연철학의 수학적 원리》(1686)에서 그는 물리적 대상과 그것의 운동에 관한 학문인 역학을 체계화하였는데 이는 유클리드가 기하학을 체계화한 것과 마찬가지이다. 두 사람 모두는 이후 모든 학자들이 받아들인 용어와 정의들을 제시하였다. 뉴턴은 지구가 매순간 태양에서 멀어지려는 가속도를 지니는 동시에 실제로 그렇게 운동하지는 않는다는 등의 역설을 해결하기 위해서는 '공간'과 '참된 운동'(특히 데카르트의 견해와 관련해서)의 본성과 같은 명백한 철학적 주제들을 다룰 필요가 있다고 생각하였다. 설령 그의 '절대공간'이 이런 주제에 일격을 가한 듯이 보인다 할지라도 이런 사실이 이 주제가 간단한 것임을 의미하지는 않는다.

다윈 (Charles Darwin, 1809~82)

다윈은 일반적으로 순전히 머리로 생각하는 이론의(예를 들면 세계는 매우 복잡하므로 신이 창조하였음에 틀림없다는 이론 등의) 시대가 끝났으며 구체적이고 엄밀한, 객관적이고 경험적인 탐구의 시대에 이르렀음을 널리 알린 인물로 여겨진다. 하지만 모든 위대한 이론이 그러하듯이 이론에는 단순히 많은 자료를 모으는 것만으로는 결코 도달할 수 없는, 몇몇 하찮고 느슨한 목표 이상의 무언가가 여전히 존재하지는 않는지…

데카르트 (René Descartes, 1596~1650)

데카르트는 다윈과 마찬가지로. 물론 다윈은 훨씬 후에 등장하였지만, 현대가 시작됨을 '미리 알린' 또 다른 사상가로 간주된다. 수학과 자연과학에 대한 저술들을 살펴보면 그가 독창적이고 혁신적인 사상가임이 분명히 드러난다. 하지만 '나는 생각한다, 그러므로 존재한다' 라는 그의 유명한 문구는 아우구스티누스의 영향을 받은 이전 학자들에게서 직접 빌려온 것이며, 세계가 환상일지도 모른다는 사실을 밝히기 위한 '사고 실험들은 대부분 플라톤에까지 거슬러 올라갈 수 있다.

드로아 (Roger-Pol Droit)

드로아는 현대의 저술가이며 '프랑스 철학자' 인데, 파리의 과학연구 센터에 재직하였지만 그의 접근 방식은 과학적이라고만은 할 수 없다 …

드 보노 (Edward de Bono)

드 보노는 현대의 경영 전문가로서 '수평적 사고' 라는 용어를 만들어낸 인물로 유명하다. 그는 많은 책에서 다양한 종류의 사고실험을 옹호하지만 우리가 사용한 의미에서의 사고실험은 아니므로 (여기서는 잠시 소개하는 데 그치고) 본문에서는 상세히 다루지 않았다.

라이프니츠 (Gottfried Leibniz, 1646~1716)

칸트와 더불어 모호하고 난해한 또 다른 독일 철학자가 라이프니츠인데 그는 특히 두 종류의 진리가, 즉 필연적 진리와 필연적이 아닌 진리가 존재한다고 주장하였다. 철학자들은 후자를 우연적이라고 부른다. 예를 들면 자연법칙들은 우연적 진리에 속한다. 그들은 단지 우연히 참일 뿐이다. 그가 제시한 '서로 구별될 수 없는 것들의 동일성' 원리는(만일 어떤 두 개의 사물이 정확히 같은 속성을 공유한다면 그들은 서로 동일하다는 원리는) 사실상 아리스토텔레스가 오래 전 제시한 원리, 즉 만일 두 개의 사물이 동일하다면 그들은 서로 같은 속성을 공유한다는 원리를 역으로 정식화한 것이다.

또한 라이프니츠는 우주가 무한히 많은 수의 동일한 '단자들'로—이들이 무엇이든 간에—가득 차 있는 무한히 많은 수의 가능한 우주들로 이루어진다고 규정하였다.

러셀 (Bertrand Russell, 1872~1970)

러셀은 비트겐슈타인의 스승이었지만 제자의 접근방식에 회의를 품고 문제점을 지적하였는데, 비트겐슈타인은 이에 대한 답례로 스승에게 경의를 표하였다. 러셀은 자신의 위대한 저술을 통하여 수학, 철학, 과학을 위한 엄밀한 논리적 기초를 세우려고 하였지만, 자기 자신을 원소로 포함하지 않는 모든 집합들의 집합이 자신을 원소로 포함하는지—그렇지 않은지를—결정할 수 없다는 (아래 '프레게' 항목에서도 언급된) 역설적인 사고실험을 '발견한' (이렇게 말할 수 있을지 모르지만) 후 이런 계획을 포기하여야만 하였다. 이 때문에 그는 잠 못 이루는 수많은 밤들을 보냈으며, 최소한 그는 자신의 거대한 체계가 무너지도록 내버려 둔 듯하다. 하지만 다행스럽게도 그의 많은 저술들에는 세 번째 사고실험에서 등장한 식인종 같은, 비범하고 탁월한 '사고실험'이 제시된다.

마흐 (Ernst Mach, 1856~1913)

마흐는 '사고실험'이라는, 더욱 정확하게 그의 모국어인 독일어로 표현하면 Gedankenexperiment라는 용어를 처음 만들어낸 인물로 여겨지며, 동시에 그 자신이 빈틈없는 실험자이기도 하였다. 앞에서 살펴보았듯이 그는 뉴턴의 '절대공간'과 같은 형이상학적 개념에 강력하게 반대하면서, 자연과학은 관찰 가능한 실재들에 충실하여야 한다고 주장하였다. 또한 그는 우리가 어쨌든 상대적인 관찰만을—즉 우리 자신의 경험을 다른 사람의 경험과 관련짓는 관찰만을—할 수 있으므로 유의미하게 언급할 수 있는 유일한 운동은 상대적인 운동뿐이라고 주장한다. 그렇지만 《역학이라는 과학》에서 그는 모든 사람들이 '본능적인 지식'이라는 깊은 저장소를 지니고 있는데 우리는 의식적으로 이를 인식하지 않고도 여기에 무언가를 더할 수도, 이로부터 무언가를 이끌어낼 수도 있다는 견해를 제시하기도 했다.

비트겐슈타인 (Ludwig Wittgenstein, 1889~1951)

비트겐슈타인은 사고실험의 무서운 악동(enfant terrible)으로, 처음에는 기술할 수 없는 바를 기술하려는 시도에 강력하게 반대하였다. 하지만 후에는 철학은 물론 전달의 기법까지도 이런 방식으로 실재에 접근해야 하며 이를 통하여 많은 성과를 낳을 수 있다고 생각하였다.

소크라테스 (Socrates, 기원전 469~399)

소크라테스는 수수께끼에 쌓인 인물인데, 그의 생각과 견해를 기록한 플라톤의 저술들을 통해서 그를 가장 잘 파악할 수 있다. 그는 변증법적 추론 방법, 즉 어떤 주장에 대하여 반대 주장을 제시하고 이들을 서로 대비하는 방법을 즐겼던 듯하다. 이 경우 해결책은 두 입장의 '종합'이 되어야 하는데 이 또한 자주 논박의 대상이 되기도 한다. 이런 점에서 그의 방법은 사고실험의 방법과 밀접하게 관련된다.

슈뢰딩거 (Irwin Schrödinger, 1887~1961)

슈뢰딩거의 유명한 고양이는 1935년에 발표된 다소 잔인한 사고실험에 등장한다. 이 사고실험은 물리학의 이른바 '코펜하겐 해석'(Copenhagen Interpretation), 즉 사물이 존재하는 동시에 존재하지 않을 수도 있음을 허

용하기 때문에 '신 셰익스피어'(neo-Shakespearean) 입장의 일종으로 간주
되기도 하는 견해를 비난하기 위하여 마련되었다.

스노우 (C. P. Snow, 1905~80)

스노우는 20세기 중반에 활동하였던 영국의 저술가이며 과학자이다.《두
문화》(*The Two Culture*)라는 책에서 그는 과학이 그 외의 다양한 문화생활
과 점점 분리되고 있음을 경고하였다. (이는 어느 누구도 주목하지 않았던
바이다.)

아리스토텔레스 (Aristotle, 기원전 384~322)

아리스토텔레스는 여러 자연과학, 수학, 예술 그리고 당연히 형이상학적
사변에 대해서도 폭넓은 관심을 지니고 있었기 때문에 이 책의 모든 주제들
에서 얼마든지 그를 다룰 수 있다. 그의 유일한 잘못은 때로 그릇된 분야에
그릇된 접근 방법을 사용하였다는 점이다.

아인슈타인 (Albert Einstein, 1879~1955)

아인슈타인은 특허 사무소 심사관이었는데 우주의 기본적인 본성을 사
색을 통하여 밝힘으로써 스스로 명성을 높였다. 그의 상대성 이론은 빛의
속도를 불변적으로, 그 외의 다른 모든 것을 상대적으로 만들었다.

칸트 (Immanuel Kant, 1724~1804)

칸트가 가장 위대한 독일 철학자라고 생각하지 않는 사람은 있을지도 모
르지만 그가 가장 견실한 철학자라는 점에는 이론의 여지가 없다. 또한 그
는 현대에 이르기까지 독일 철학의 전개 방향을 규정한 인물로 간주된다.

이 책에서 그에 대한 관심은 주로 무엇이 인식될 수 있는가를 규정하려는 시도에 놓여있는데 유감스럽게도 이에 대한 그의 대답은 너무 복잡하여 이해하기가 어렵다. 그는 다른 분야에도—윤리학과 시공간 물리학에도—관심을 보였으며 여기서도 혁신적이고 상당한 영향력을 발휘한 주장들을 제시하였다. 하지만 그가 명백히 틀린 경우도 있는데, 철학의 영역에서는 누구라도 이렇게 틀릴 수 있다.

프레게 (Gottlob Frege, 1848~1925)

프레게는 독일의 빈틈없는 논리학자이며 언어철학자로서—내가 아는 한—의도적으로 사고실험 기법의 사용을 피하면서 그 대신에 논리의 우위를 옹호한 인물이다. 하지만 단정하지 못한 사람들에 반대하는 시민운동의 일환으로 통상 스스로 자신의 머리를 깎지 않는 모든 사람들의 머리를 깎아 주라는 명령을 받은 이발사가 처한 혼란스러운 상황의 (이 경우 이발사는 자신의 지저분한 머리를 어떻게 해야 하는가?) 예를 접한 후 프레게는 사고실험 기법의 중요성을 깨닫게 되었다(이런 논리적 모순을 경고하려고 러셀이 그에게 편지를 썼다—조금 더 정확한 용어로 표현한 논의는 위의 러셀 항목 참조).

프톨레마이오스 (Ptolemy, 기원후 87~150)

프톨레마이오스는 고대 그리스의 (비록 이집트에 살았지만) 천문학자, 수학자 겸 지리학자이다. 그의 사고실험이 그리 풍부하지는 않을지라도 모두 13권으로 이루어진, 천구에 관한 저술《알마게스트》는 최소한 80개 이상의 천체들 사이의 상호작용에 기초하고 있으며, 천체들의 위치를 계산함에 있어서는 후에 그의 이론을 대신한 코페르니쿠스의 이론보다 사실상 더욱 정확하였음을 보여준다.

플라톤 (Plato, 기원전 427~347)

플라톤은 전통적으로 고대 그리스의 가장 위대한 '체계적인' 사상가라는 찬사를 받아왔지만 실제로 그가 무엇을 생각하였는지, 아니 무엇을 기록하려 하였는지조차도 파악하기가 쉽지 않다. 하지만 그가 썼다고 여겨지는 저술들에는 많은 강력한 사고실험들이, 예를 들면 기게스의 반지, 동굴의 비유 등이 등장한다. 여러 측면에서 그의 대화편은 이런 접근 방식을 택한 이후의 많은 논의들에 대하여 일종의 매개체로 작용하였으며, 실제로 다른 많은 사람들에게 도움을 주었다.

피히테 (Johann Fichte, 1762~1814)

피히테는 중요한 사고실험을 행하지는 않았지만 '칸트적인 세계관 중에 일부만을' 옹호함으로써 실재는 본질적으로 사고의 산물이며, 정신의 창조물이라고 주장하였던 독일의 철학 교수였다.

흄 (David Hume, 1711~76)

흄은 인간 이성이 일반적으로 (어쨌든 여러 철학 학파들이) 생각하는 바에 훨씬 못 미치는 능력을 지니며, 단지 이미 익숙해진 습관에 따라 아니면 새로운 배열을 즐기는 일종의 미적인 선호에 따라 관념과 인상들을 '연합할 수 있을' 정도라고 주장한 스코틀랜드 철학자이다. '푸른 색조'에 관한 언급이 등장하는 저서 《인간 본성에 관한 논고》(*Treatise on Human Nature*, 1739)는 출판 직후 거의 아무런 주목도 받지 못하였는데, 이에 대하여 그는 이 책 전부가 '인쇄기로부터 바로 죽은 채 태어났다'고 말함으로써 유감을 표시하였다.

이 책에서 언급된 다른 인물들은 현재 생존하는 (또는 최근까지 생존했던) 학자들로서, 사고실험에 관한 저술을 했거나 실제로 몇몇 사고실험을 행하였다. 다음의 학자들이 이에 포함된다.[30]

캐럴 길리건(Carol Gilligan)

존 노턴(John Norton)

다니엘 덴네트(Daniel Dennett)

리처드 로티(Richard Rorty)

앨러스데어 매킨타이어(Alasdair MacIntyre)

제임스 브라운(James Brown)

존 설(John Searle)

피터 스트로슨(Peter Strawson)

브라이언 엘리스(Brian Ellis)

버나드 윌리엄스(Bernard Williams)

워런 퀸(Warren Quinn)

안소니 퀸턴(Anthony Quinton)

주디스 자비스 톰슨(Judith Jarvis Thomson)

타마라 호로비츠(Tamara Horowitz)

마르틴 홀리스(Martin Hollis)

---

30 역자주 원서에는 성(family name)의 영어 자모순으로 등장하지만 옮긴이가 성의 가나다순으로 다시 배열하였다.

감사의 말

한 책은 두 요소, 즉 영감과 응용의 산물이어야 한다. 하지만 이 두 요소 중 어느 하나가 부족한 책이 많다는 점 또한 분명한 사실이다. 이 책에서 나는 영감과 더불어 이를 매우 다양하게 응용하여 다소 거칠고 혼란스러운 나의 초고에 더하는 행운을 누렸는데, 이 과정에서 블랙웰 출판사의 탁월한 제프 딘(Jeff Dean)을 비롯하여 계속 늘어나는 자문 모임 참여자들, 독자들로부터 큰 도움을 받았다. 이 결과 나의 숙련된 래브라도 산 타자견(打字犬) 블랙키(Blackie)의 앞발은 지난 5년 동안 거의 쉴 틈이 없었다. '사실들'을 올바르게 표현하기 위해서 뿐만 아니라 올바른 **문체**를 선택하기 위해서 (이 것이 훨씬 더 어려운 작업인데) 사고실험에 대하여 여러 차례 고쳐 썼기 때문이다.

이 책에 어떤 잘못이 있든 그렇지 않든 간에 이는 전적으로 블랙키가, 그리고 어쩌면 미국 애견협회가 책임질 문제이다. 그렇지만 나는 독자들께서 간결함이 (파스칼의 표현으로 잘 알려져 있듯이) 얕은 사고가 아니라 오히려 깊이 있는 사고의 특징이라는 점을 충분히 인식해주기를 바란다. 간결하게 표현된 깊이 있는 사고는 많은 사람들이 공유할 수 있기 때문에 확실히 크게 발전해 왔다. 그리고 나는 이런 일이 계속되기를 진심으로 바란다.

마르틴 코헨

프랑스, 노르망디에서

찾아보기